Kurt A. Bernecker

Stickereien durch das Jahr

30 Kreuzstichmotive

rosenheimer

Dank

Für die freundliche Überlassung von Dekorationsgegenständen danken wir ganz besonders:
Firma Zimmermann in Rosenheim, Haushaltswaren: Seite 13, 15, 19, 29, 33 und 41;
Collektion Werneck, Rosenheim: Kerzenleuchter auf Seite 25, Stuhl auf Seite 41 und 45;
Korbmöbel Johann Bachinger, Rosenheim: Sessel auf Seite 47, Korb auf Seite 61.
Die Aufnahme auf Seite 69 wurde im Kago Kaminstudio, Rosenheim, angefertigt.

ISBN 3-475-52716-2

Dieses Buch erscheint in der Reihe „Rosenheimer Raritäten" im Rosenheimer Verlagshaus
Alfred Förg GmbH & Co. KG, Rosenheim. Die Bilder für den vorderen und hinteren Buch-
umschlag fotografierte MAXIS Foto, Berchtesgaden. Die Gestaltung des Umschlages führte
Ulrich Eichberger, Innsbruck, aus. Die Aufnahmen im Innenteil besorgte Fotodesign Eugen
Mayer, Werbehaus Rosenheim. Die Zählmuster zeichnete Florian Cronauge, Plön.
Die Reproduktionen fertigte Color Line, Verona. Das Buch wurde gesetzt von Leingärtner,
Nabburg, gedruckt und gebunden bei Haßfurter Tagblatt, Haßfurt.

rosenheimer raritäten

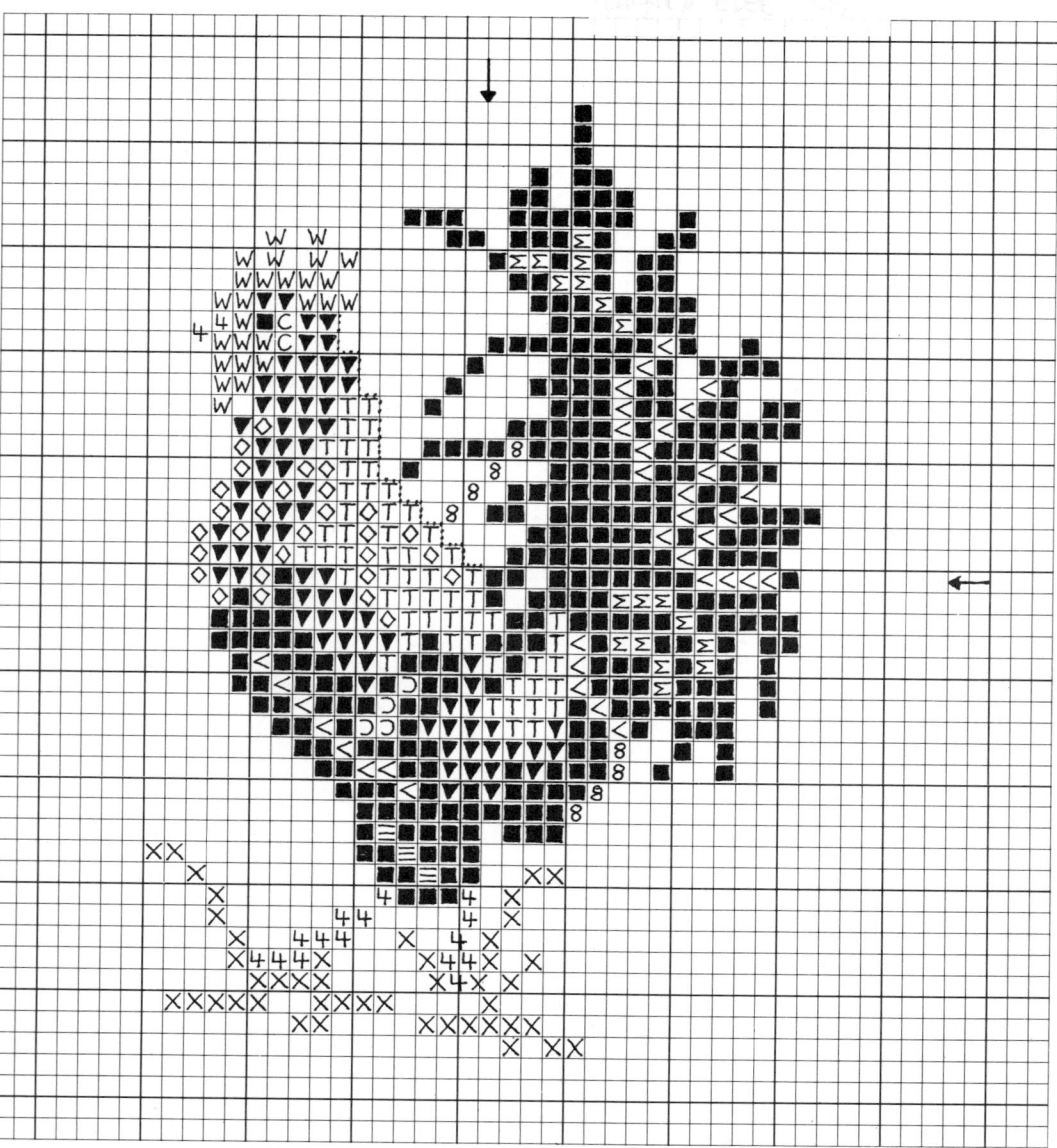

Vorwort

Der Kreuzstich hat in den vergangenen Jahren in einem Maße an Beliebtheit gewonnen, wie es selbst begeisterte Stickerinnen und Sticker lange Zeit für unmöglich gehalten hatten. Die Popularität dieser Stickart über Jahrtausende, gefördert durch die schnelle Erlernbarkeit des Kreuzstiches, und die vielen traditionellen Muster, die immer wieder weitergegeben wurden, mögen ein Grund sein; ein anderer liegt wohl darin, daß besonders in den letzten Jahren neue Kreuzstichmuster entworfen wurden, die Motive aus unserem täglichen Leben und unserer Umwelt aufgegriffen haben. Anregungen zu vielseitigen Verwendungsmöglichkeiten taten das ihrige dazu. Viele neue Freundinnen und Freunde – eine stark wachsende Zahl männlicher Sticker ist festzustellen – konnten so dem Kreuzstich gewonnen werden.

Für einen Designer war das Thema „Stickereien durch das Jahr" natürlich eine besonders reizvolle Aufgabe. Auf dem Weg durch das Jahr erhält man zahlreiche Anregungen, so daß die Muster die Welt, die uns umgibt, widerspiegeln. Es finden sich Motive zu den Festtagen ebenso wie Blumen und Bäume, verspielte Entwürfe für Kinder und für Erwachsene, die sich Freude an der Verspieltheit bewahrt haben.

Es hat Spaß gemacht, dieses Stickbuch zu erarbeiten. Ich hoffe, daß es auch Ihnen Freude bringt.

Allen, die mir beim Entstehen dieses Buches geholfen haben, möchte ich herzlich danken.

Inhalt

Arbeits- und Materialhinweise 5

Muster 12
Frühlingsenzian 12
Schlüsselblume 14
Veilchen 16
Osterglocke 18
Hase mit Baum 20
Hase mit Blümchen 22
Tulpe 24
Stengelloser Enzian 26
Rosenknospen 28
Heckenrose 30
Glockenblume 32
Hahn 34
Mohnblüte 36
Mädchen mit Puppenwagen 38
Silberweide 40
Schwarzerle 42

Robinie 44
Feldulme 46
Storch 48
Wiege 50
Sonnenblume 52
Edelweiß 54
Fuchsie 56
Lavendel 58
Röschenzweig 60
Teddy mit Rosen 62
Teddy mit Torte 64
Nikolaus im Schaukelstuhl 66
Nikolaus mit Sack 68
Stechpalme 70
Alphabet mit Ziffern 72

Liste der HD-Garne 73

Bezugsquellen 74

Arbeits- und Materialhinweise

Der Kreuzstich

Alle Motive dieses Buches müssen ausgezählt werden. Um mit der immer noch verbreiteten Meinung, auf dem Stoff vorgezeichnete Stickereien seien einfacher zu arbeiten, einmal „aufzuräumen", sei gesagt, daß es nichts Einfacheres als den ausgezählten Kreuzstich gibt.

Symbole: Jedes Zeichen in der Musterzeichnung bedeutet eine Farbe und auch einen kompletten Kreuzstich. Wenn der verwendete Stoff also fadengerade gewebt ist, entsteht immer eine optimale Wiedergabe der Muster.

Faden und Stoff: Der Kreuzstich für die Muster dieses Buches wird mit einem Faden des Stickgarns über zwei Fäden des Trägerstoffes gestickt. Die Feinheit einiger Entwürfe und die extrem starke Verkleinerung mancher Muster haben es notwendig gemacht, auch halbe Kreuze in Längs- und Querrichtung sowie Steppstiche zu verwenden.

Halbes Kreuz: Wenn Sie also in der Musterzeichnung Symbole finden, die nur das halbe Kästchen ausfüllen (hochkant oder quer), bedeutet dies, daß Sie einen kompletten Kreuzstich ausführen müssen, und zwar bei vertikaler Darstellung über zwei Fäden des Stoffes in der Höhe und einem Faden in der Breite, bei horizontaler Darstellung über zwei Fäden in der Breite und einem Faden in der Höhe.

Steppstich: Der Steppstich wird als „Linienstich" über zwei Fäden oder wie im Muster angegeben gestickt.

Sticktechnik: In aller Regel wird der Kreuzstich im Unterstich von links unten nach rechts oben und im Deckstich von rechts unten nach links oben geführt. Solange man kann, bleibt man dabei in einer Farbe des Garns und führt, soweit dies sinnvoll ist, erst alle Unterstiche in einer Farbe aus und auf dem Rückweg alle Deckstiche. Es ist nicht sinnvoll, mehr als zwei Leerfelder oder Felder mit anderen Farben zu „überspringen"; besonders nicht bei Stikkereien auf Gebrauchsmaterialien. Dann müssen Sie einfach das Stickgarn vernähen.

Vernähen: Vor Jahren galt es immer noch als besonders gekonnt, wenn die Rückseite der Stickerei nur gerade Linien zeigte und die vernähten Enden nicht zu sehen waren. Nur sollte man dabei bedenken, daß dieses Aussehen allenfalls zu erzielen ist, wenn in einer Farbe gestickt wird. Bei der hier gezeigten Form der Stickerei läßt dies der häufige Farbwechsel nicht zu. Und vernähen sollten Sie das Stickgarn auch nicht mehr durch „Schlingen" um gestickte Fäden. Bei der Beanspruchung durch Waschmaschinen lösen sich solche Vernähungen auf. Führen Sie das zu vernähende Ende unter drei gestickte Querfäden durch, gehen über einen zurück und wieder unter zwei durch. Dann können Sie das Ende ganz kurz abschneiden, es wird sich nicht auflösen.

Anfang: Ach ja, der verflixte Anfang. Er ist so einfach! Halten Sie während der ersten vier Kreuze ein etwa 10 cm langes Stück des Stickfadens fest, fädeln aus, vernähen wie beschrieben, fädeln ein und sticken weiter.

Stickrahmen: Unterschiedliche Meinungen gibt es auch darüber, ob die Stickerei, „aus der Hand" oder in einem Stickrahmen ausgeführt werden sollte. Ich empfehle, mit Stickrahmen zu sticken, sofern der Stoff von der Größe her zu spannen ist. Erstens gewöhnt man sich leichter daran, senkrecht zu sticken (gleichmäßigeres Stickbild), zum anderen gleicht sich so die von Tag zu Tag unterschiedliche Zugstärke der Stickhand aus.

Aufbewahren: Und noch ein Wort zum Aufbewahren angefangener Stickereien. Staub und Luftverunreinigungen führen dazu, daß die Stickerei leicht grau oder sogar schmutzig wird. Schlagen Sie daher nach jedem Sticken den freien Stoff über das Stickbild und verwahren Sie die Stickerei in einer Tüte. Und während des Stickens sollten Sie nach einer Weile immer einmal die Hände waschen, damit „färbt" auch der normale Fingerschweiß nicht ab.

Licht: Für gutes Licht sollten Sie bei der feinen Stickerei immer sorgen. Eine 75-Watt-Birne, möglichst Halogen, als Lichtquelle über die Schulter leuchtend, sollte ausreichen. Bei hellem Trägerstoff legen Sie ein dunkles Tuch auf Ihre Knie, die Bindungen sind so besser zu zählen. Sollten Sie lieber jedes Kreuz komplett aussticken wollen, geht das natürlich auch, allerdings benötigen Sie dazu etwa 35 % mehr Stickgarn.

Langjähriges Sticken bringt Erfahrung. Fassen Sie daher meine Ratschläge als Hilfen für die etwas unerfahreneren Stickerinnen und Sticker auf. Vielen von Ihnen werden die Tips eine Selbstverständlichkeit sein.

Das Stickgarn

Für einen Designer sind die Stickgarne so wichtig wie die Farben für den Maler. Farbnuancen und Farbabstufungen verändern jedes Bild. Die verbreitete Unsitte, jedem Entwurf gleich die Umsetzung in alle möglichen anderen Farben, sprich Garne, mitzuliefern, kann nur bedeuten, daß der Grundentwurf des Designers nicht zum Besten verfälscht wird, da keine andere Garnpalette gleiche Farbabstufungen hat.

Ich habe mich für die matten, einfädigen HD-Garne der Uhlenhof-Stickereien entschieden, da sie farblich fein abgestuft in weichen, warmen Tönen hervorragende Entwürfe ermöglichen. Außerdem lassen sie ohne Risiko die Verwendung für Verbrauchsmaterialien zu. Natürlich sind einige wenige andere Garnpaletten – matt und einfädig – auf dem Markt. Wenn Sie also andere Garne verwenden wollen, sollten Sie die Anmerkungen zu den Umsetzungen unbedingt beachten.

HD-Garne von Uhlenhof-Stickereien sind laut Herstellerangabe aus 100% reiner ägyptischer Makobaumwolle, sehr gut gezwirnt, was das Sticken doch sehr erleichtert, und indanthren gefärbt. Das heißt, nach einer ersten Wäsche von 60 °C ist das Garn farb- und lichtecht. Da alle in diesem Buch verwendeten Materialien die gleiche Waschtemperatur haben, ist das Garn ideal. Achten Sie daher bei anderen Stickgarnen gleicher Stärke darauf, welche Waschangaben der Hersteller macht. Glänzende, merzerisierte Stickgarne, die mehrfädig verstickt werden, lassen die Stickerei selbst bei größter Farbannäherung in der Umsetzung hart erscheinen. Häufig geht die aquarellähnliche Wirkung des Entwurfs verloren.

Bei der Umsetzung richten Sie sich nach den Farbangaben der HD-Garne auf Seite 73 und nach den in diesem Buch gezeigten Abbildungen. Suchen Sie sich für jede angegebene Farbe die Ihrer Meinung nach passendste Ihres Garns heraus. Legen Sie alle Garne, die Sie ausgewählt haben, nebeneinander und kontrollieren Sie, ob die Farben miteinander harmonieren. Wechseln Sie eventuell die nicht passenden aus. Nur so können Sie erreichen, daß Ihre Umsetzung, wenn schon kein getreues Abbild des Entwurfs, wenigstens in sich harmonisch wirkt. Vermeiden Sie Farbbrüche. Stickereien können bei Farbbrüchen „auseinanderfallen".

Die Nadel

Als Sticknadel verwenden Sie bitte Nadeln der Größe 24 bis maximal 22 ohne Spitze. Nadeln mit Spitze stechen häufig Gewebefäden an. Die Stickerei wirkt dann unschön. Die Fachgeschäfte führen solche Nadeln auch im Einzelverkauf.

Stoffe und Bänder

Alle Entwürfe in diesem Buch sind auf Leinen, reinem Baumwollgewebe oder Baumwollgewebe in Aidabindung gearbeitet. Bei den Leinensorten habe ich Wert darauf gelegt, daß wirklich nur Leinen mit optimaler, quadratischer Webstruktur verwendet wurde. Das gleiche gilt für die Baumwollgewebe. Nur so ist eine hervorragende Wiedergabe der Muster möglich. Stoffe, die nicht quadratisch (Kette und Schuß) gewebt sind, verzerren die Stickerei stark. Stickleinen sollte auch immer gut gezwirnte Leinengarne als Grundlage haben, damit die Verflusung beim Sticken wenigstens stark eingeschränkt wird. Bei den gezeigten Baumwollstoffen wurde durch den Wechsel vom Leinen die einfachere Pflege und Wäsche vorgezogen.

Die im Buch verwendeten Reinleinenbänder von Farbe & Form sind 4fach gezwirnt und haben damit die beste Eignung als hängende Schmuckbänder, zumal sie von vornherein ein großes Eigengewicht haben.

Die Aidabänder sind ebenfalls ein Produkt von Farbe & Form. Aidabänder können aufgrund ihrer Webstruktur (mehrere Fäden nebeneinander kreuzweise gewebt) nur mit ganzen Kreuzen bestickt werden. Sie verlangen daher entsprechende Entwürfe. Ihre Besonderheit liegt in der geraden Abschluß- und Zierkante. Falls sie aufgenäht werden sollen, nähen Sie bitte in den Zwischenraum. Dadurch entfällt das unschöne Hochstehen der Schlingen bei den gleichartigen Aidabändern nach der Wäsche. Die Aidabänder haben in Kante und Zierstreifen eingewebte Uhlenhof-Garne. So war eine geradezu ideale Farbabstimmung möglich.

Wenn Sie andere Stoffe und Bänder verwenden wollen, sollten Sie unbedingt eine Stickprobe machen. Prüfen Sie auch die Faserqualität durch „Anreiben" auf Verflusungsgefahr und lassen Sie sich die Zusammensetzung der Stoffe und deren Waschbarkeit erklären. Durch unterschiedlichen Einsprung bei der Wäsche kann Ihre Stickerei verdorben werden.

Die Schrägbänder sind ebenfalls auf die Stickerei farblich und qualitativ abgestimmt.

Ich weiß, wie ärgerlich es ist, wenn man eine Arbeit so ausführen möchte, wie sie gezeigt wird, und man sucht vergeblich die richtigen Materialien. Hin und wieder fehlt auch die Fachberatung und die Kenntnis um diese Form der zeitgemäßen Stickerei. Ich habe daher Wert darauf gelegt, Ihnen genaueste Angaben zu machen.

Zubehör

Für Zubehör, das nicht im breiten Handel erhältlich ist, habe ich die Bezugsquelle angegeben. Bei den verwendeten Bilderrahmen handelt es sich um Produkte von Müller, Kunst & Rahmen, die Sie ebenfalls bestellen können.

Größe und Umrechnung der Vorlagen

Die gewählten Stoffarten und die vorgegebenen Muster bestimmen die Größe jeder Stickerei. Für die meisten Muster dieses Buches wurde Stickleinen mit 12 Fäden je Zentimeter gewählt, um eine ideale Wirkung zu erzielen. Das Leinen wird nicht gänzlich abgedeckt und so die Leichtigkeit der Stickentwürfe noch unterstrichen.

Ausgehend von diesem Leinen und der Tatsache, daß über zwei Fäden gestickt wird, ergeben sich 6 Kreuze je Zentimeter. Um die Höhe und Breite eines Stickmusters festzustellen, müssen Sie also alle gezeichneten Kästchen in der Höhe und Breite auf einer Linie auszählen. Falls Sie Leinen mit 12 Fäden verwenden, teilen Sie die Summe jeweils durch sechs und erhalten so die zu stickende Höhe und Breite.

Geben Sie bei der Stoffgröße genügend Stoff zu. Nichts ist schlimmer, als einige Zentimeter an Stoff zu sparen und dann mit der Rahmung nicht hinzukommen. Und sticken Sie immer von der Mitte aus! Falten Sie Ihren Stoff zweimal, kniffen die Mitte ein wenig an und beginnen dort mit der Farbe zu sticken, die in der Mitte der Musterzeichnung (Pfeile!) angegeben ist. Dann kann nichts schiefgehen.

Falls Sie anderen Stoff verwenden wollen, stellen Sie die Anzahl der Fäden je Zentimeter fest und rechnen sich so die Größe aus:

Beispiel: Anzahl der gezeichneten Kästchen in Höhe und Breite: 118 x 92

Stoff mit 10 Fäden/cm	12 Fäden/cm	14 Fäden/cm
: 5	: 6	: 7
23,6 x 18,4 cm	19,7 x 15,3 cm	16,9 x 13,1 cm

Daraus folgt, je weniger Fäden pro Zentimeter, um so größer das Motiv und umgekehrt.

Es empfiehlt sich nicht, Stoff mit mehr als 14 Fäden/cm zu verwenden, der Kreuzstich wirkt dann zu dick. Das gleiche gilt für Stoff mit weniger als 9 Fäden/cm, hier wirkt der Stoff zu durchscheinend. Allerdings kann man bei gröberen Stoffen mit zwei Fäden sticken.

Aufbereitung und Wäsche

Nach Beendigung der Stickerei sprühen Sie diese, wenn sie gerahmt werden soll, rückseitig mit einer guten Reissprühstärke ohne chemische Beimittel ein und bügeln sie auf einer weichen Unterlage von der Rückseite trocken. Die Bildseite sollten Sie nur auf den freien Stoffflächen bügeln.

Sollte Waschen notwendig sein, oder weil es Gebrauchsartikel sind, müssen Sie die Stickerei beim ersten Mal mit 60 °C unter eventueller Verwendung von Waschmitteln ohne optische Aufheller waschen. Dann sind die Farben fixiert. Danach ist von Kaltwäsche bis Kochen – sofern es das Trägermaterial zuläßt – jede Waschart möglich.

Bei Rahmungen verwenden Sie niemals Mattglas. Die Stickerei würde verwaschen wirken. Gerahmte Stickerei sollten Sie in jedem Fall mit Glas schützen, damit unsere „angereicherte" Luft Ihre wertvolle Arbeit nicht zu früh ergrauen läßt. Und setzen Sie sie nie direktem Sonnenlicht aus, sofern die Stickerei nicht vorher fixiert wurde, sie bleicht aus.

Die Muster

Alle Muster sind genauestens auf Seite 74-78 aufgeführt. Sie zu beschreiben, ist wohl im einzelnen nicht nötig. Vielleicht noch einige Verwendungsmöglichkeiten. Viele Muster sind für verschiedene Anlässe geeignet: Muttertag, Geburtstag, als Mitbringsel für liebe Freunde und was es noch an Gelegenheiten zum Schenken gibt. Eine Stickerei, eigenhändig in stundenlanger Arbeit angefertigt und liebevoll aufbereitet, ist weit mehr wert als ein schöner Blumenstrauß.

Das vorliegende Buch will neben dem gerahmten Bild auch noch andere Verwendungsbeispiele aufzeigen. Die Schleifen an den Zimmertüren, das Rezeptbuch mit dem stolzen Hahn, die Dose, gefüllt mit Backwerk, oder die große Anzahl kleiner Motive in den postkartengroßen Passepartouts, die man als Gruß-, Dank- oder Glückwunschkarte versenden kann, sollen Anregungen sein, eigene Ideen zu verwirklichen.

Frühlingsenzian

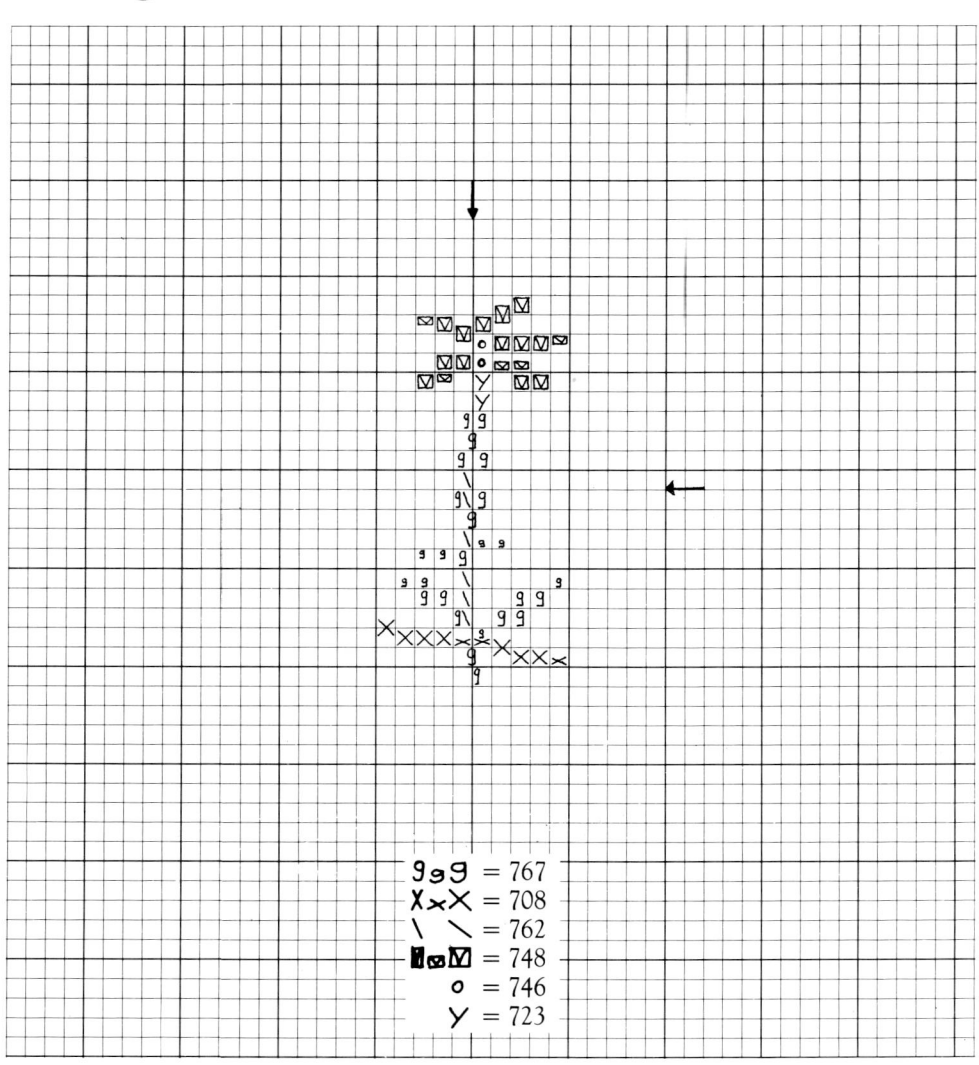

$9 \text{ }9\text{ }9 = 767$
$X\text{ }x\text{ }X = 708$
$\backslash \text{ } \backslash = 762$
$\blacksquare\infty\boxtimes = 748$
$o = 746$
$Y = 723$

Schlüsselblume

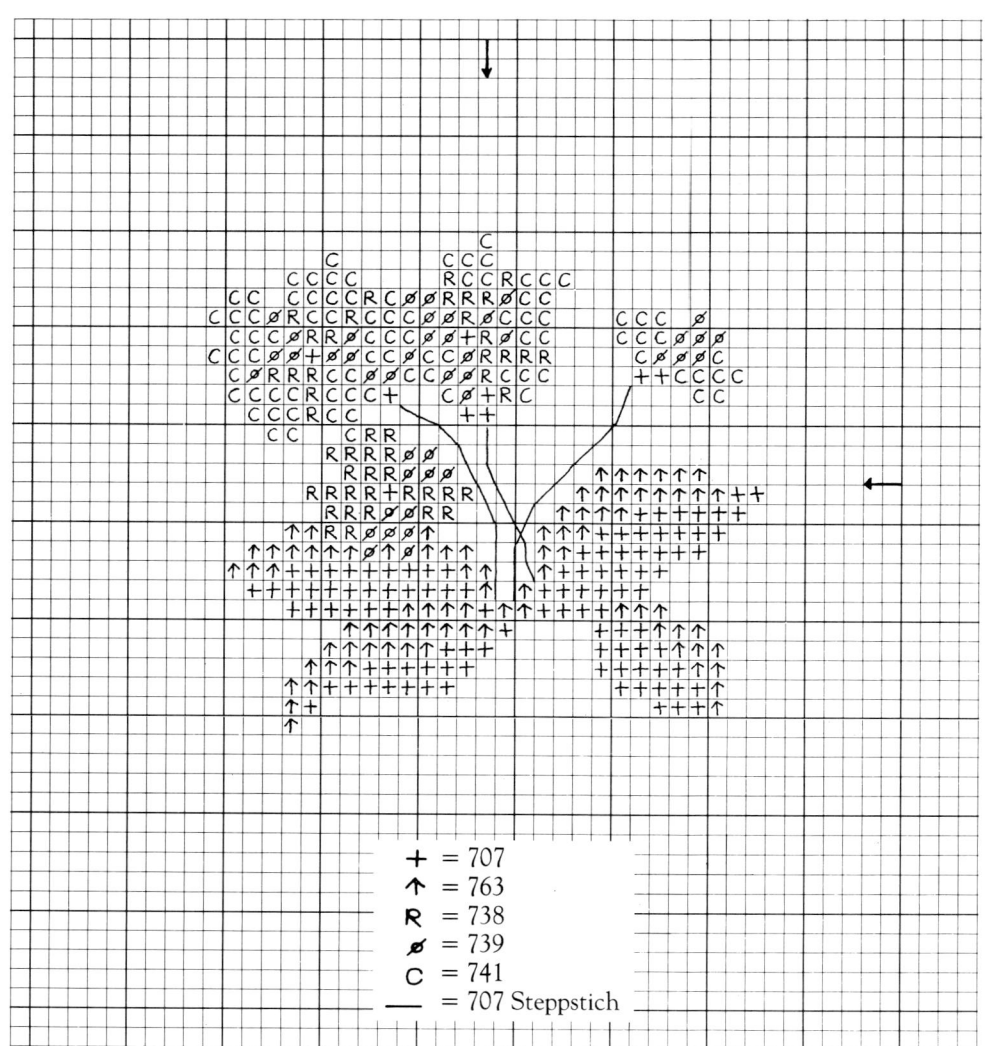

+ = 707
↑ = 763
R = 738
∅ = 739
C = 741
— = 707 Steppstich

Veilchen

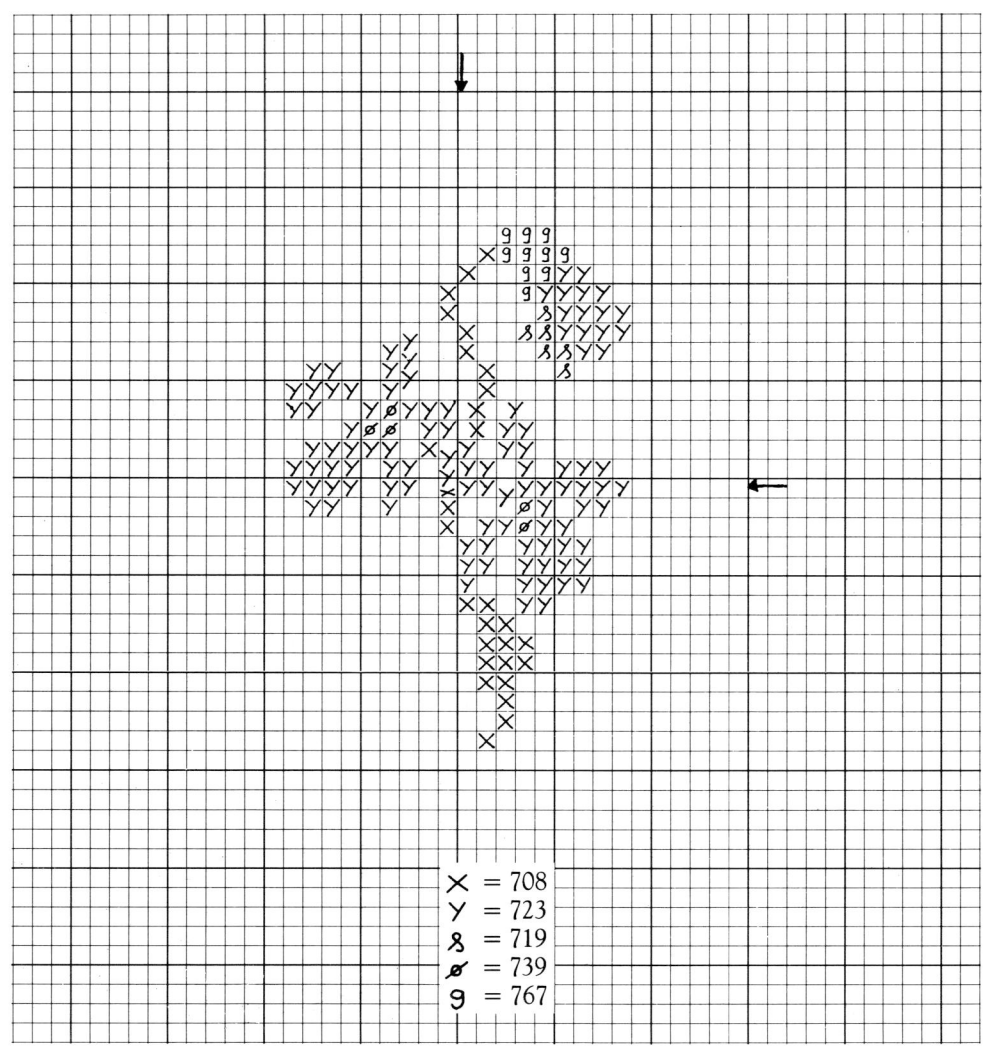

X = 708
Y = 723
ℒ = 719
ø = 739
g = 767

Osterglocke

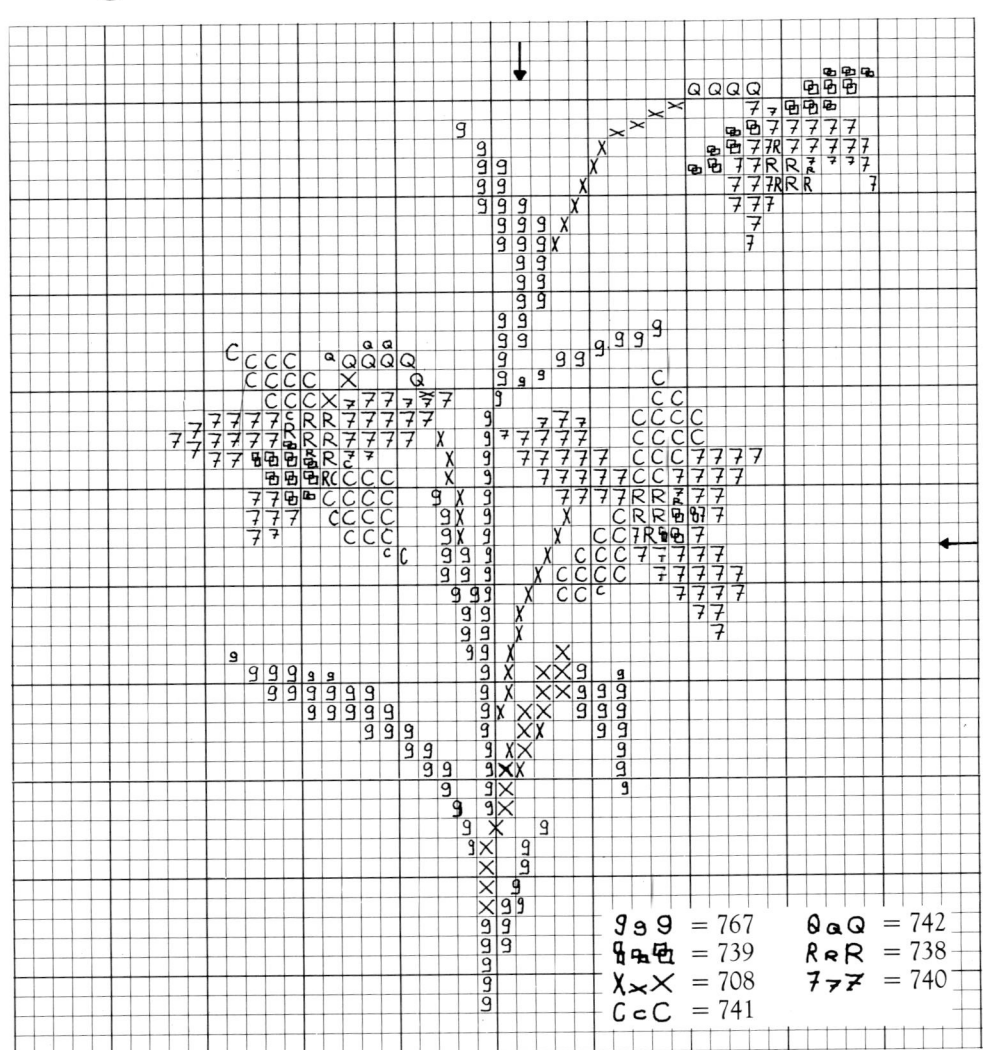

9 9 9 = 767   Q Q Q = 742
9 9 9 = 739   R R R = 738
X X X = 708   7 7 7 = 740
C C C = 741

Hase mit Baum

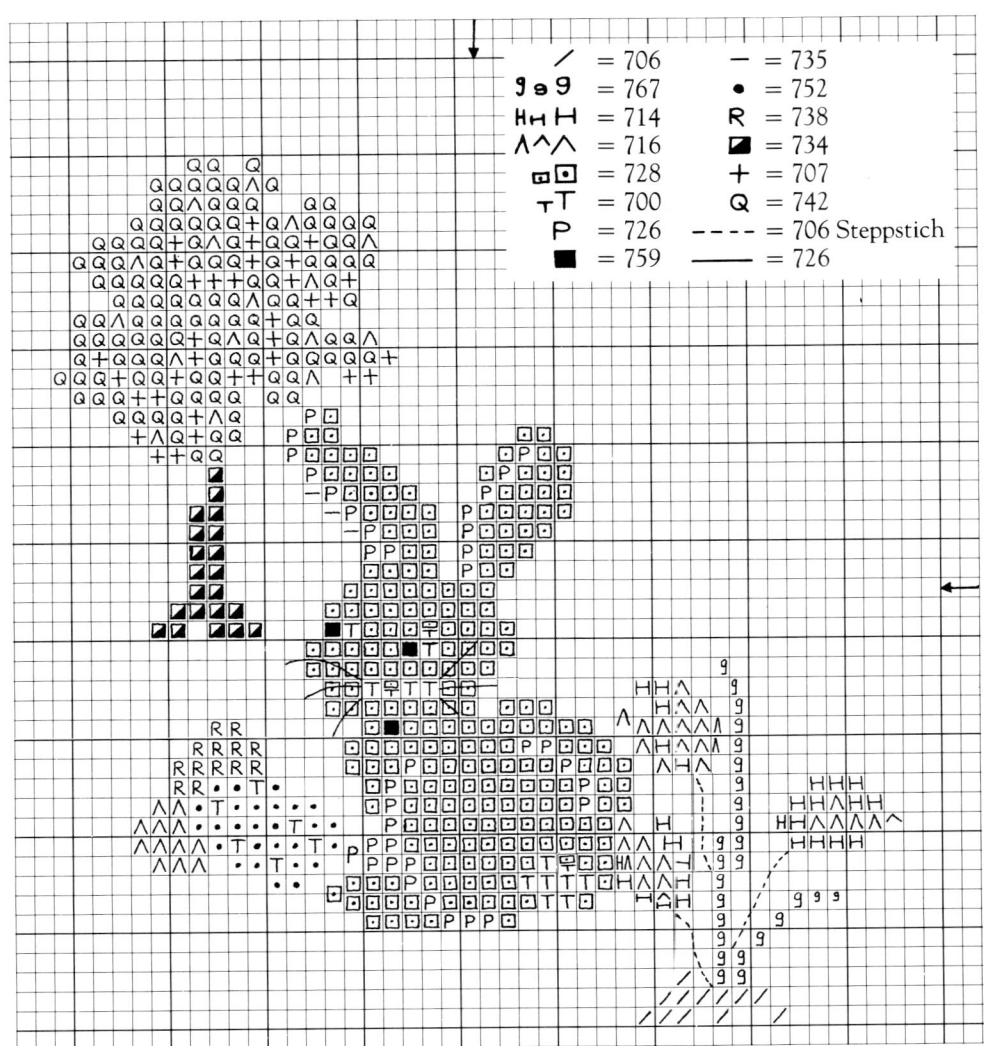

/ = 706   — = 735
ɘəɘ = 767   • = 752
ʜʜH = 714   R = 738
ΛΛΛ = 716   ◪ = 734
▫⊡ = 728   + = 707
ⴕT = 700   Q = 742
P = 726   - - - - = 706 Steppstich
■ = 759   ——— = 726

Hase mit Blümchen

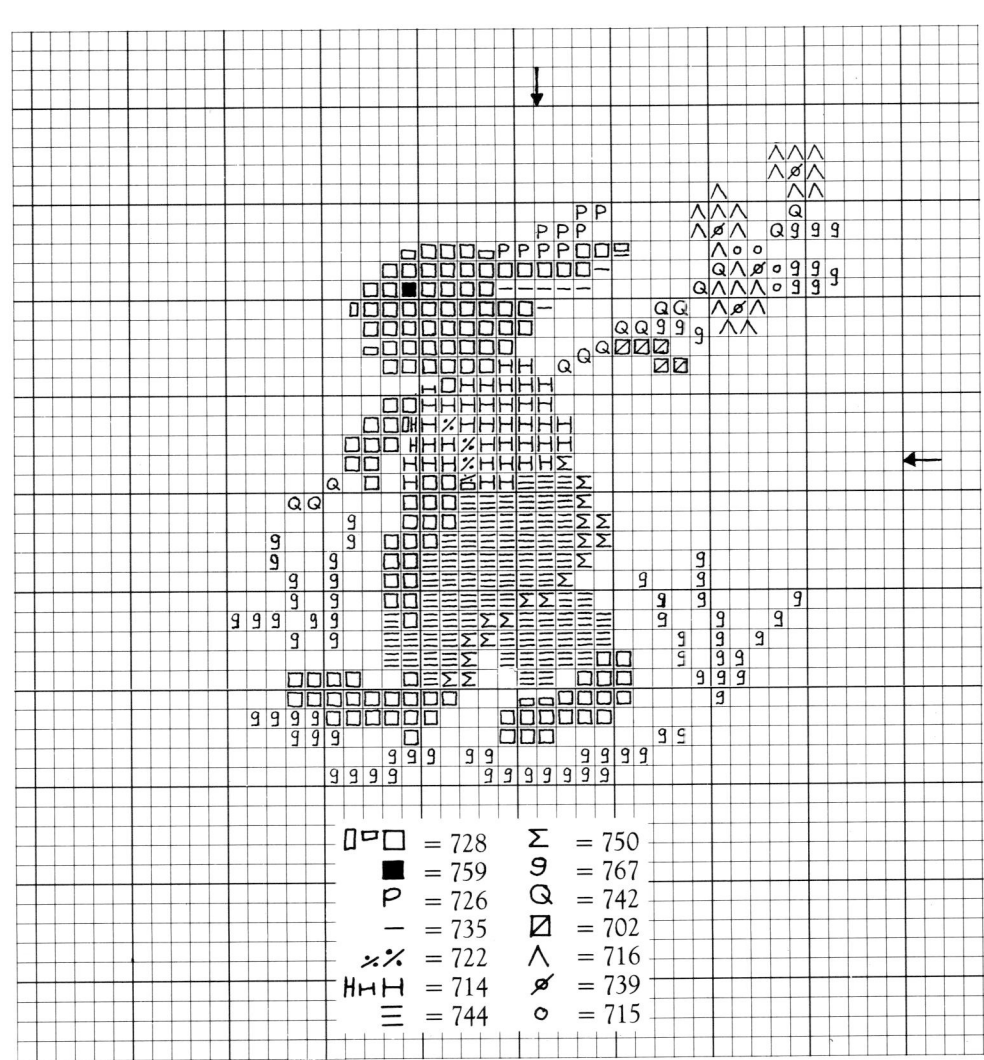

▯◪▢	= 728	Σ	= 750
◼	= 759	9	= 767
P	= 726	Q	= 742
—	= 735	☑	= 702
⁒⁒	= 722	∧	= 716
HʜH	= 714	∅	= 739
≡	= 744	o	= 715

Tulpe

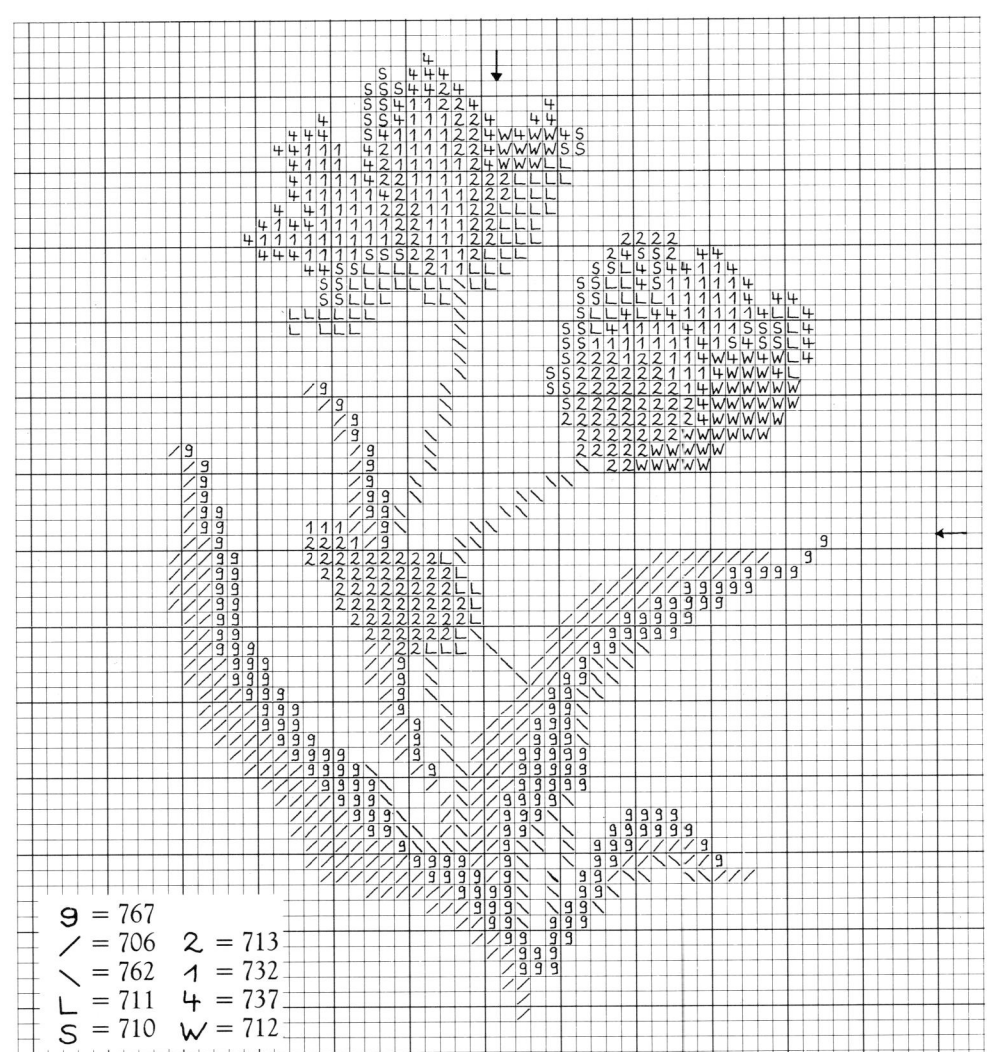

9 = 767
/ = 706   2 = 713
\ = 762   1 = 732
L = 711   4 = 737
S = 710   w = 712

Stengelloser Enzian

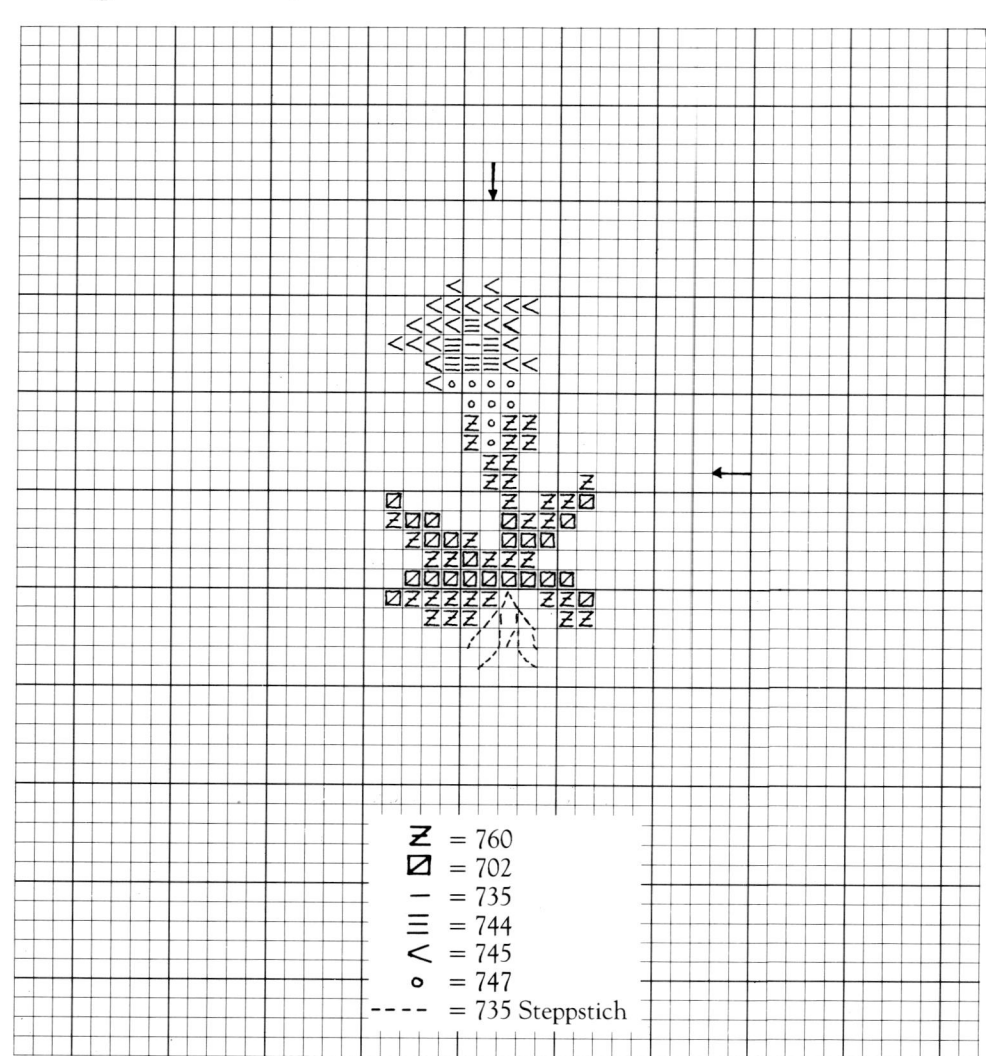

Z = 760
⊠ = 702
— = 735
☰ = 744
< = 745
○ = 747
- - - - = 735 Steppstich

Rosenknospen

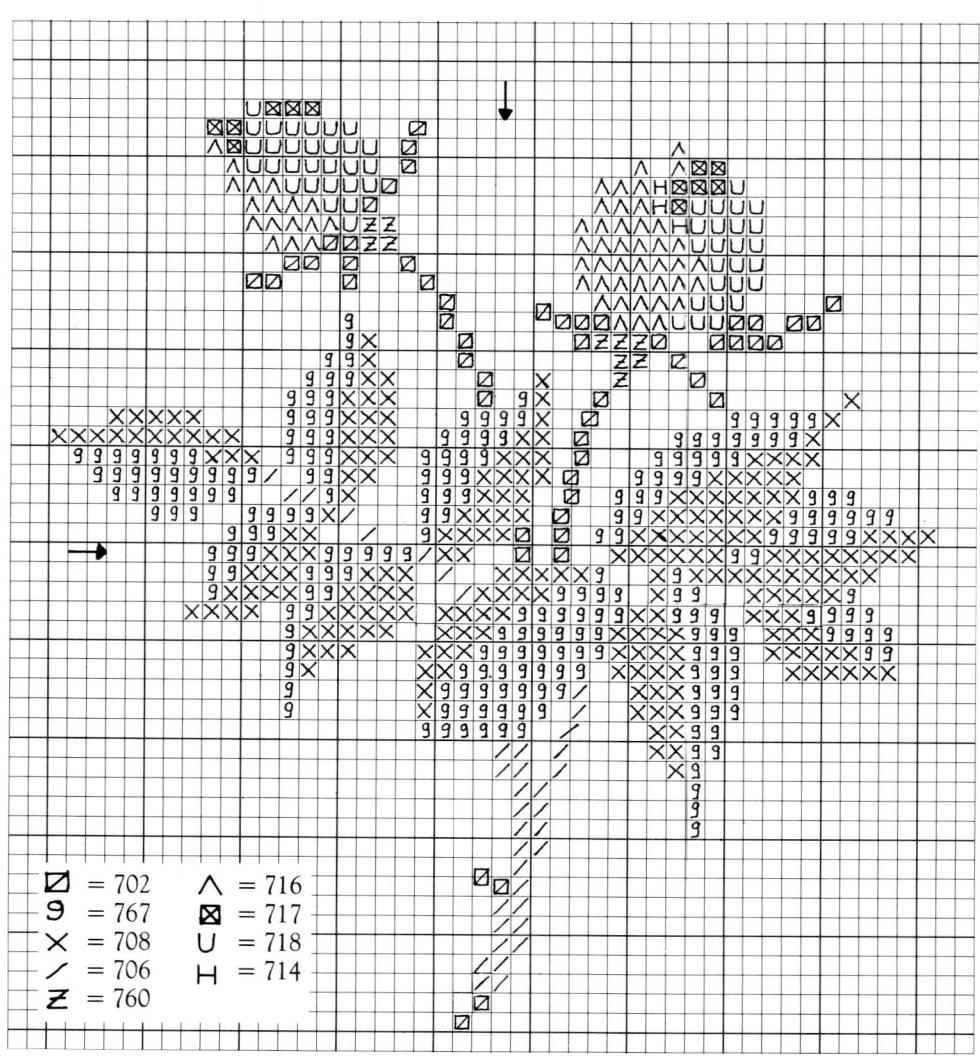

☑ = 702   ∧ = 716
9 = 767   ⊠ = 717
✕ = 708   U = 718
╱ = 706   H = 714
Z = 760

Heckenrose

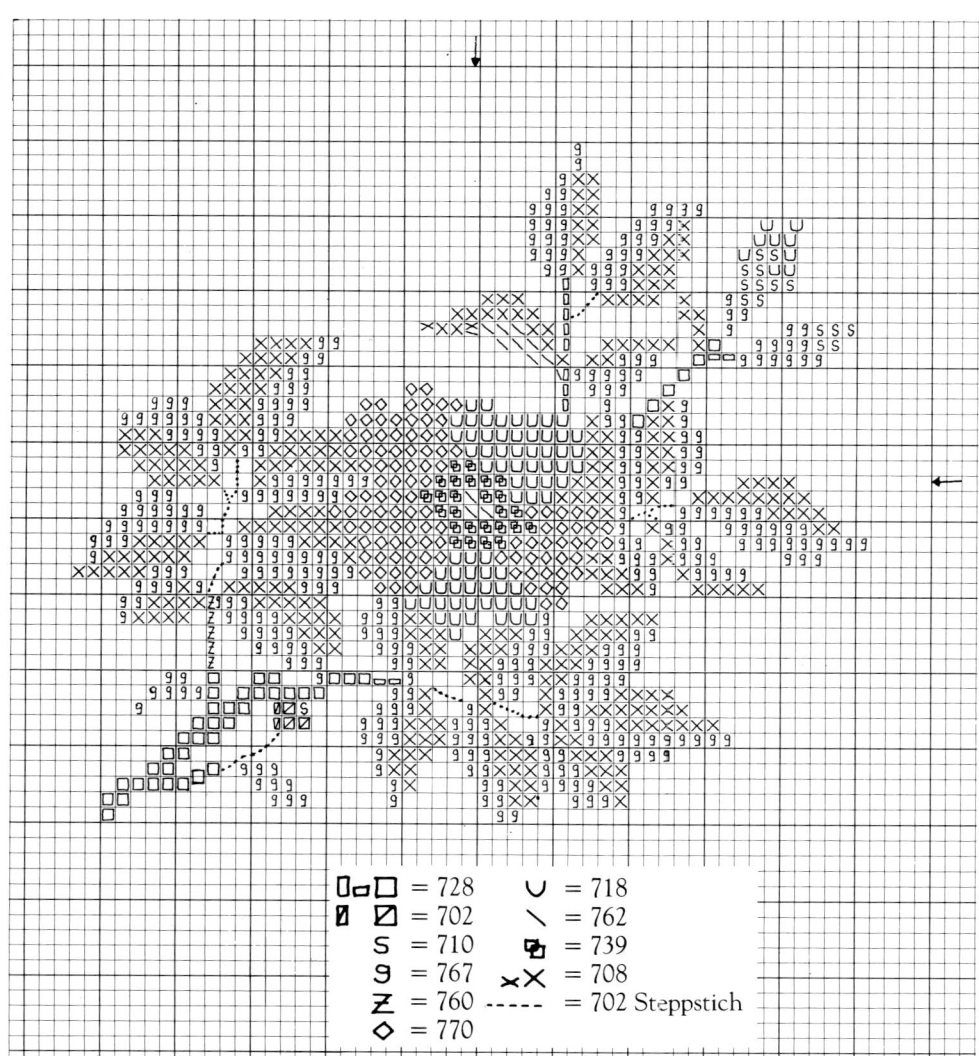

▯◻◻ = 728	∪ = 718	
▧ ▨ = 702	＼ = 762	
S = 710	◪ = 739	
9 = 767	✗ = 708	
Z = 760	----- = 702 Steppstich	
◇ = 770		

Glockenblume

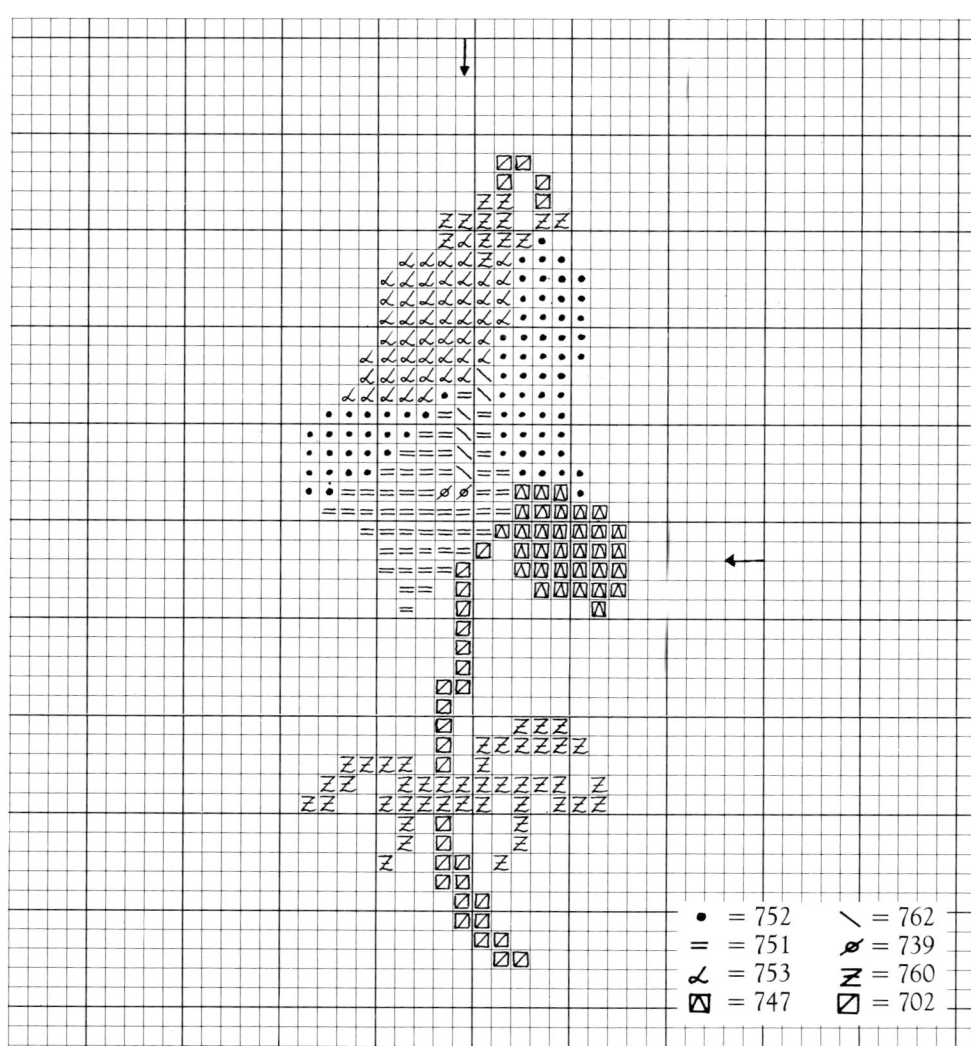

• = 752		\ = 762	
= = 751		⌀ = 739	
⋌ = 753		Z = 760	
⬓ = 747		⬔ = 702	

Hahn

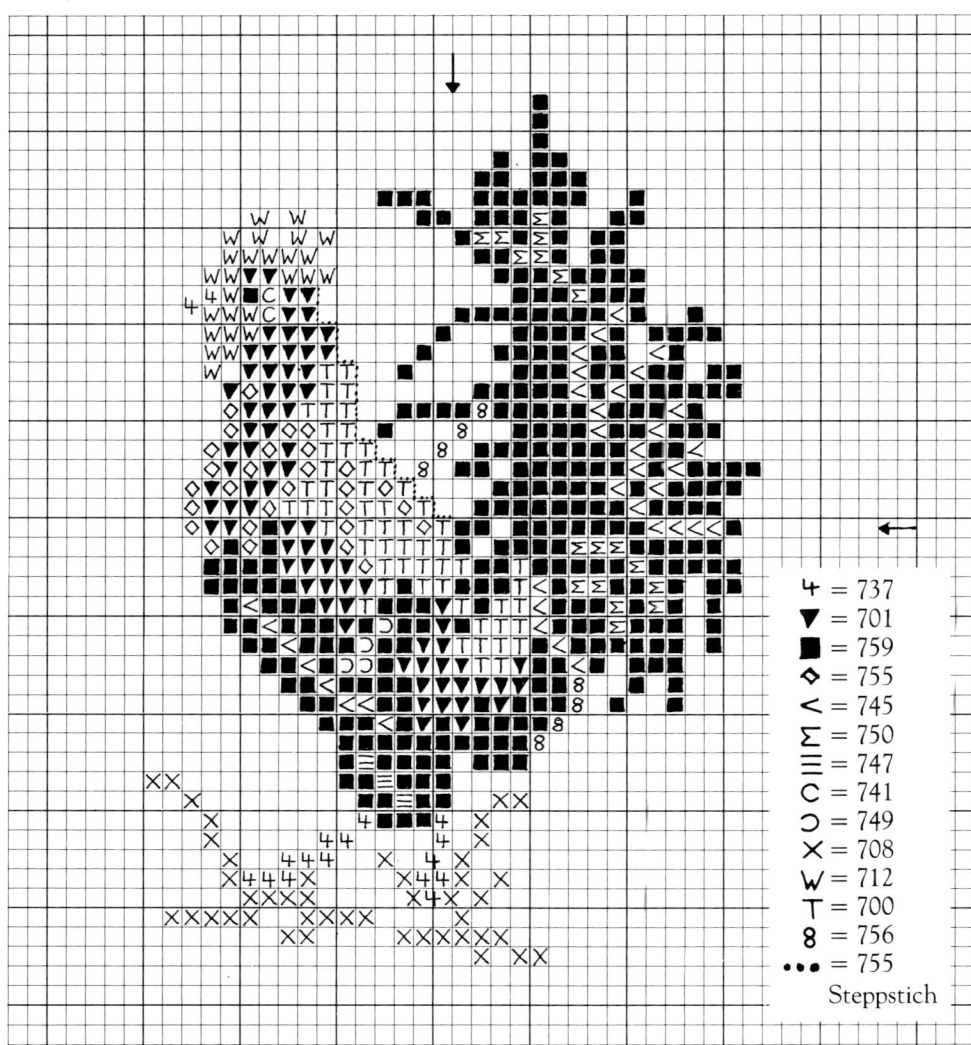

4 = 737
▼ = 701
■ = 759
◇ = 755
< = 745
Σ = 750
≡ = 747
C = 741
⊃ = 749
× = 708
W = 712
T = 700
8 = 756
••• = 755
Steppstich

Mohnblüte

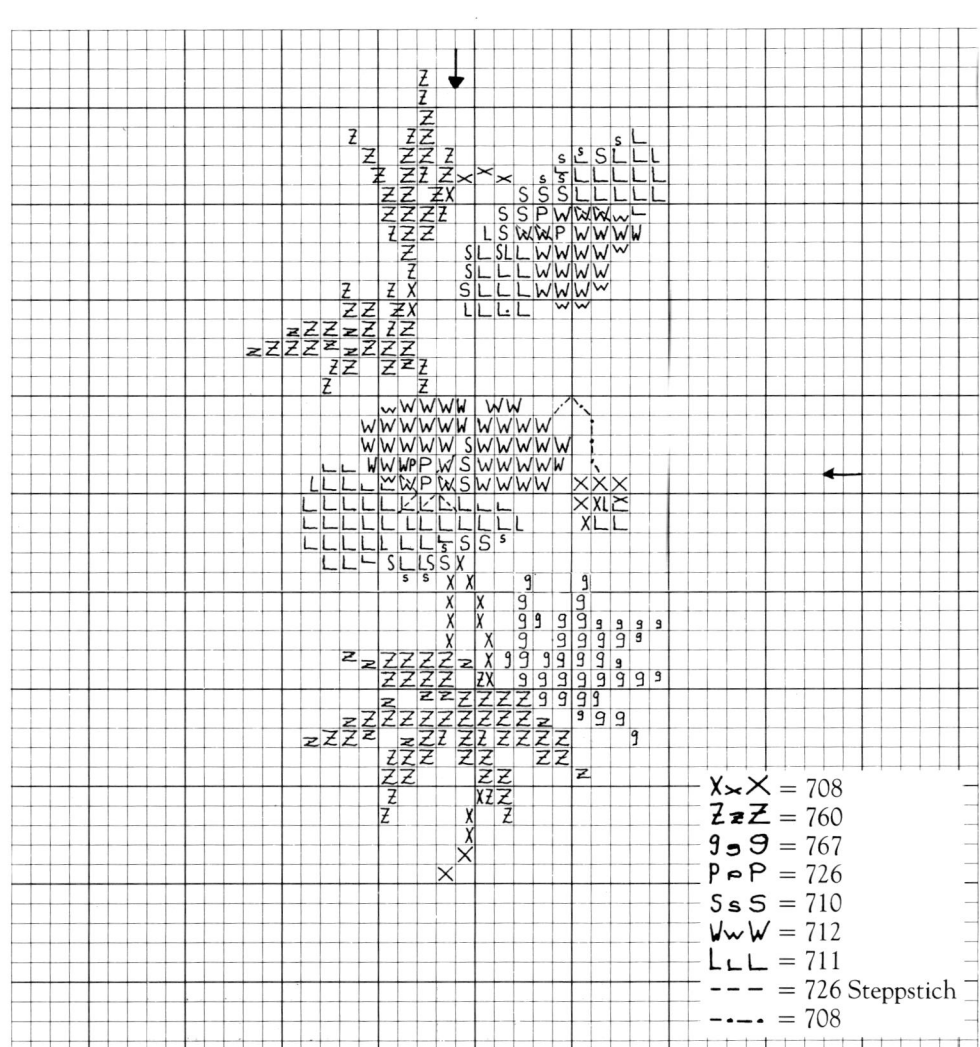

XˣX = 708
ZᶻZ = 760
9ͻ9 = 767
PₚP = 726
SₛS = 710
WᵥᵥW = 712
LʟL = 711
- - - = 726 Steppstich
-·-· = 708

Mädchen mit Puppenwagen

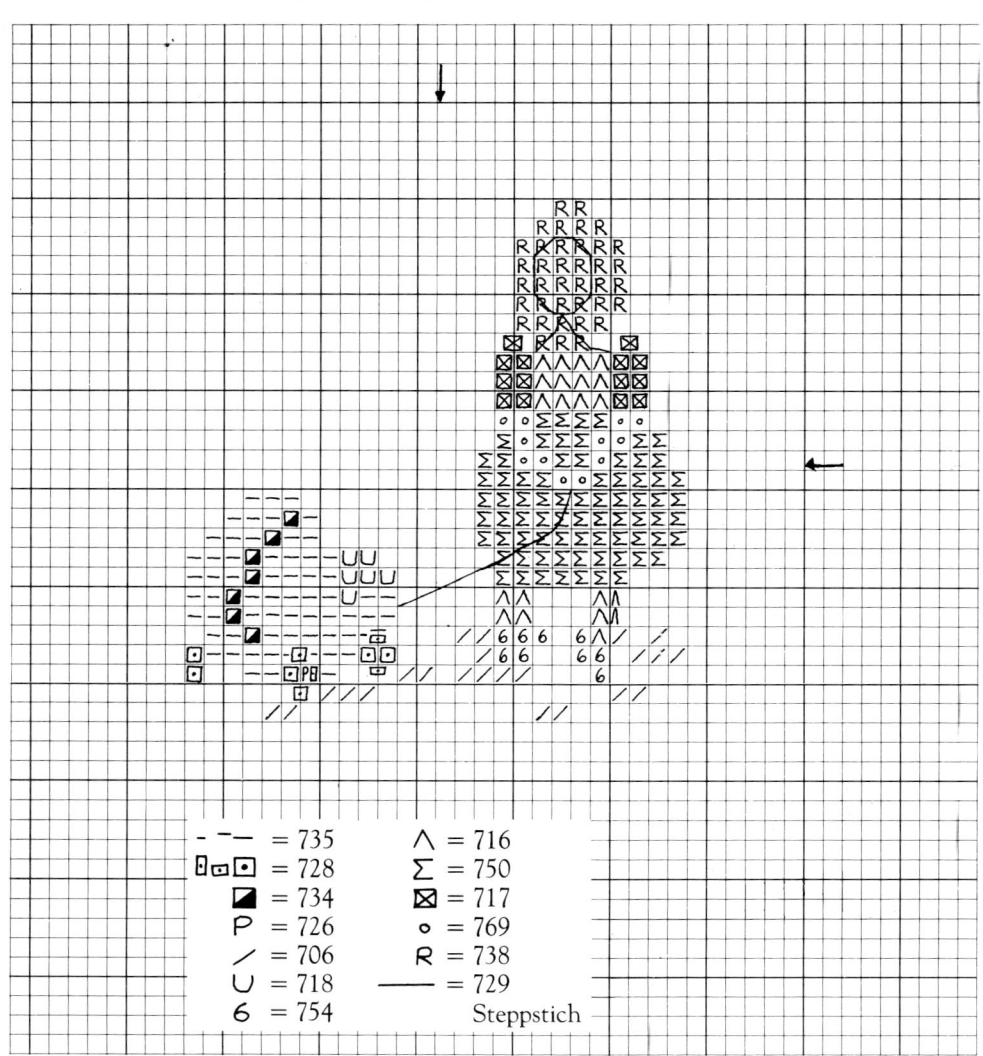

- ‒ ‒ = 735
▯▫▪ = 728
■ = 734
P = 726
∕ = 706
U = 718
6 = 754

∧ = 716
Σ = 750
⊠ = 717
∘ = 769
R = 738
— = 729
Steppstich

Silberweide

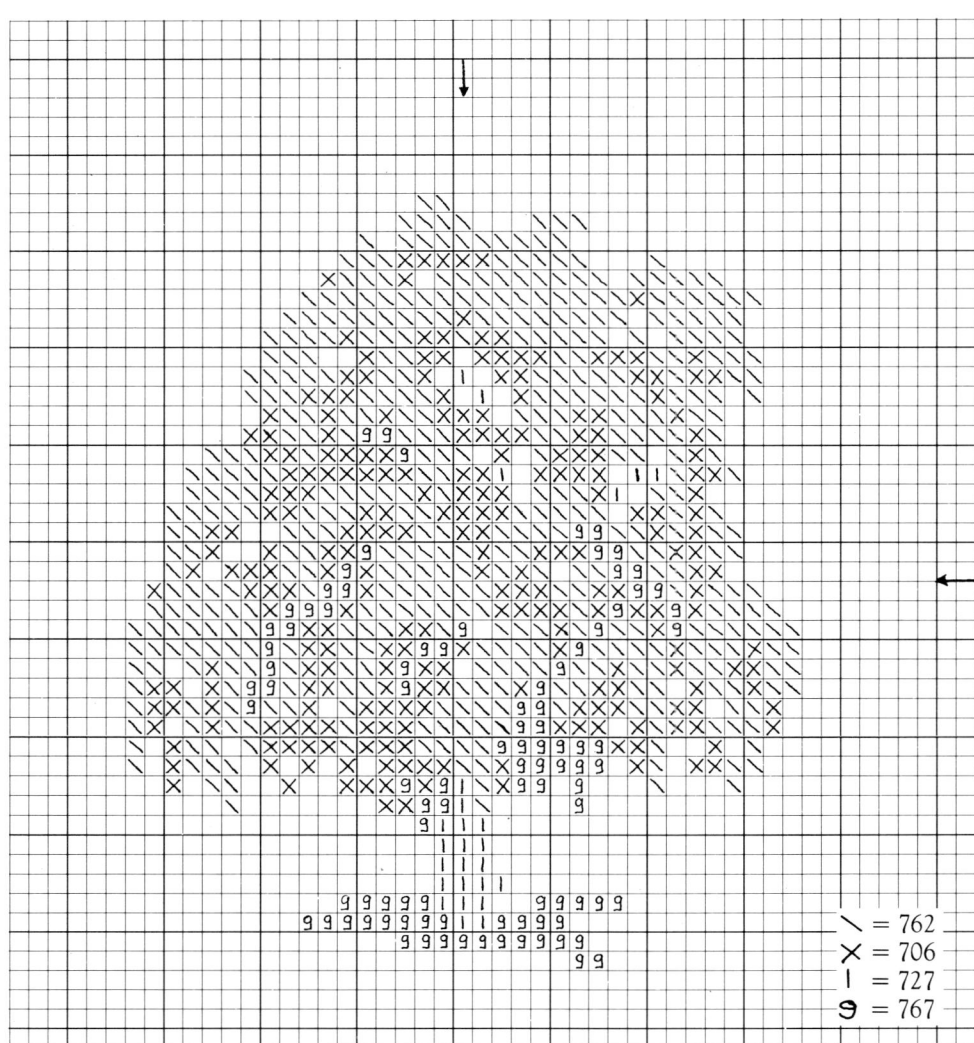

$\diagdown$ = 762
$\times$ = 706
$|$ = 727
$\mathbf{9}$ = 767

Schwarzerle

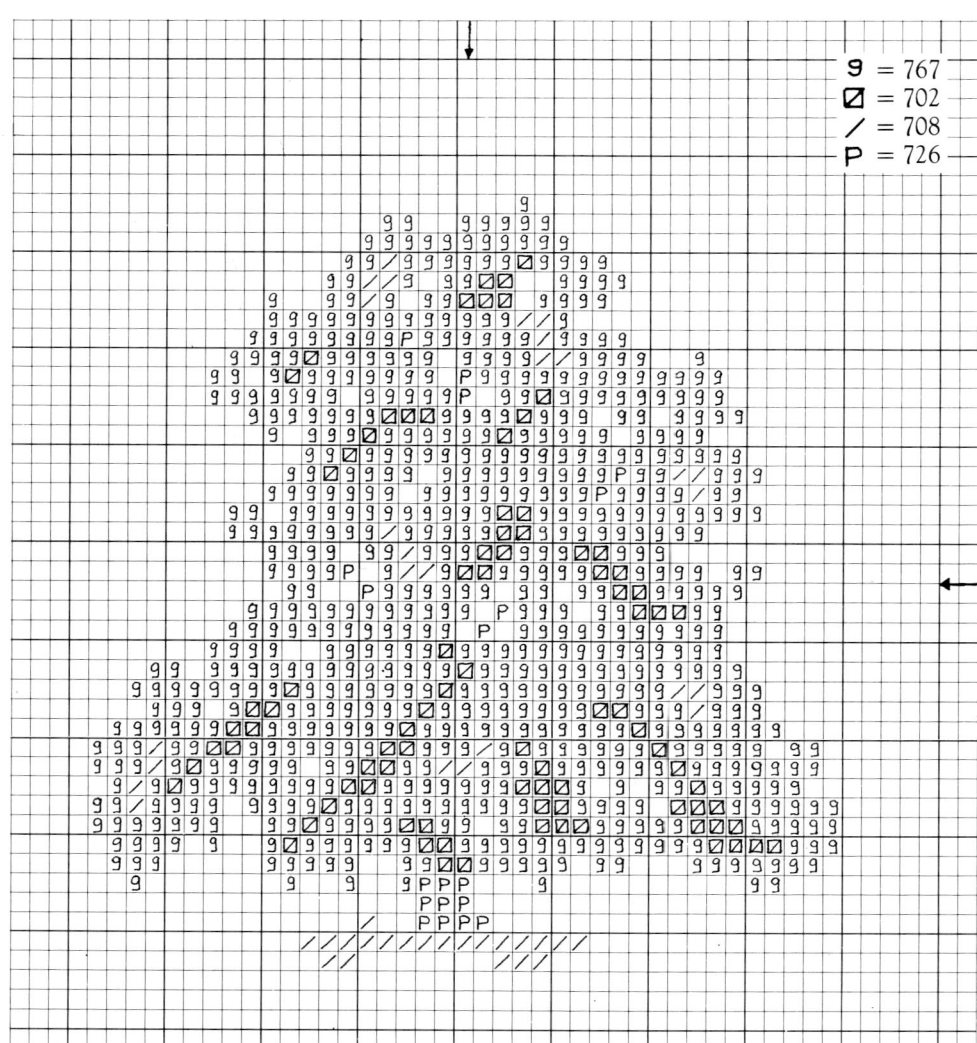

9 = 767
☑ = 702
∕ = 708
P = 726

Robinie

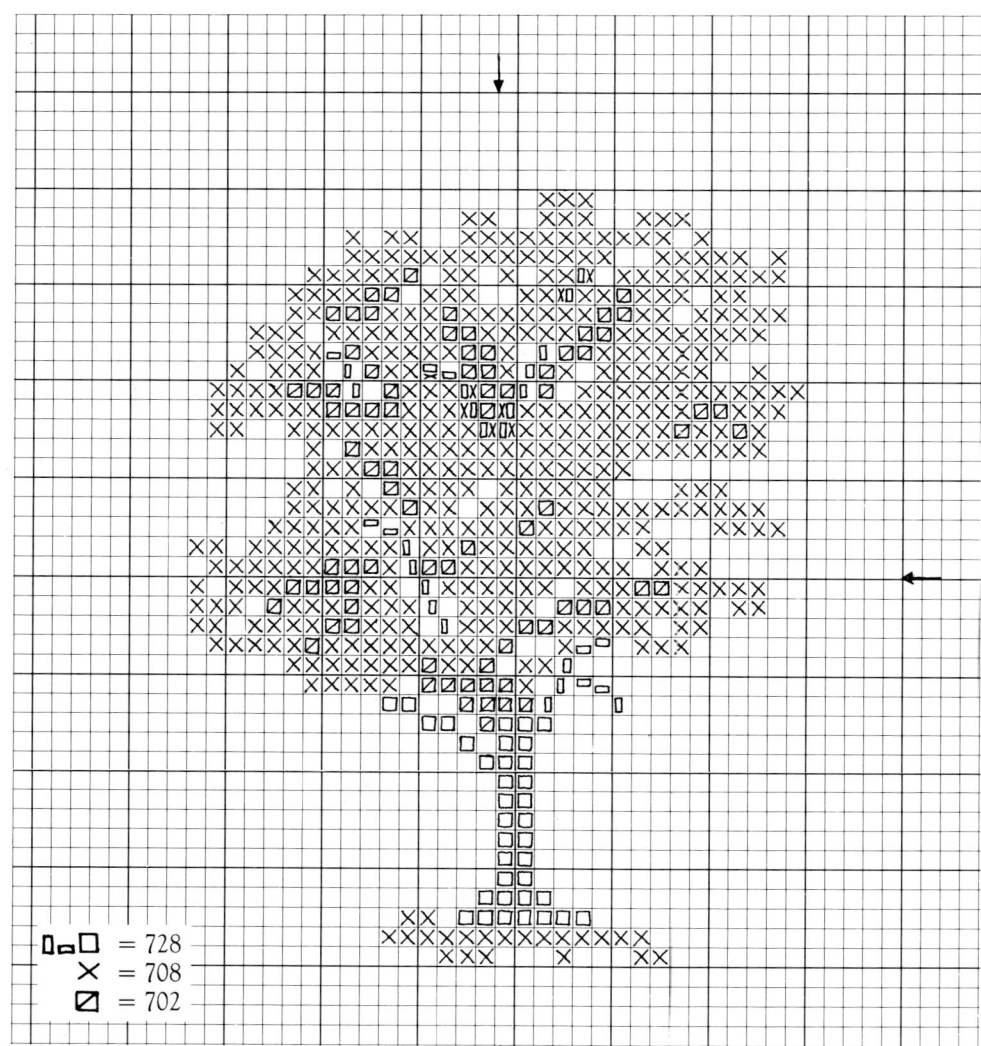

Feldulme

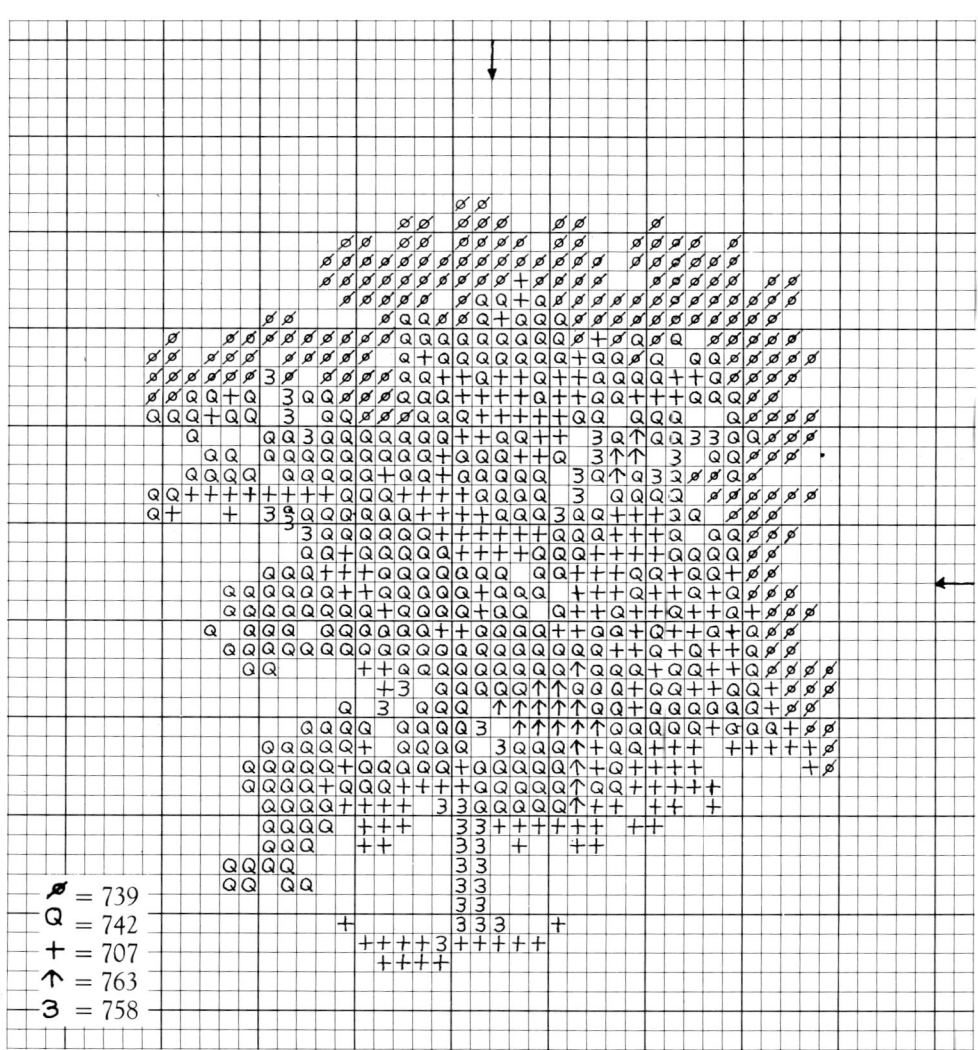

ø = 739
Q = 742
+ = 707
↑ = 763
3 = 758

Storch

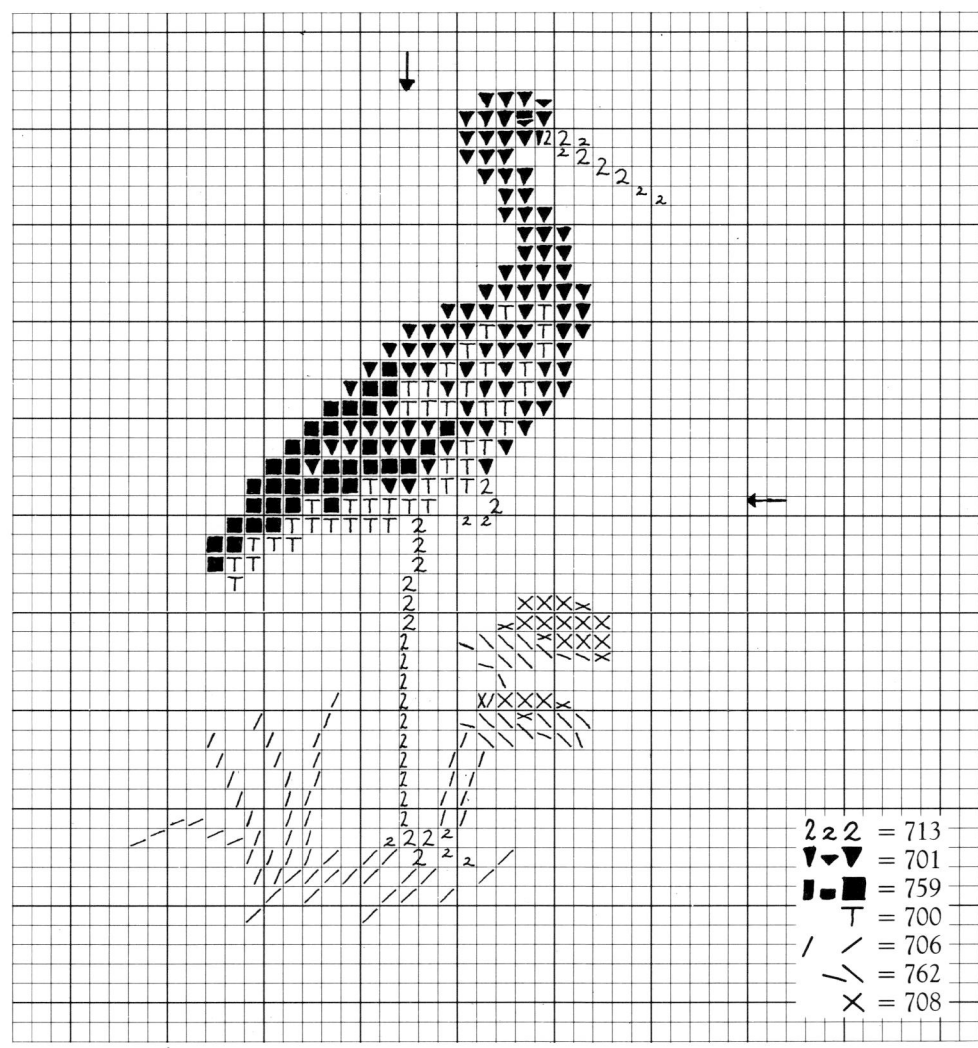

2 2 2 = 713
▼ ▾ ▼ = 701
▮ ▄ ■ = 759
T = 700
/ ╱ = 706
╲ ╲ = 762
✕ = 708

Wiege

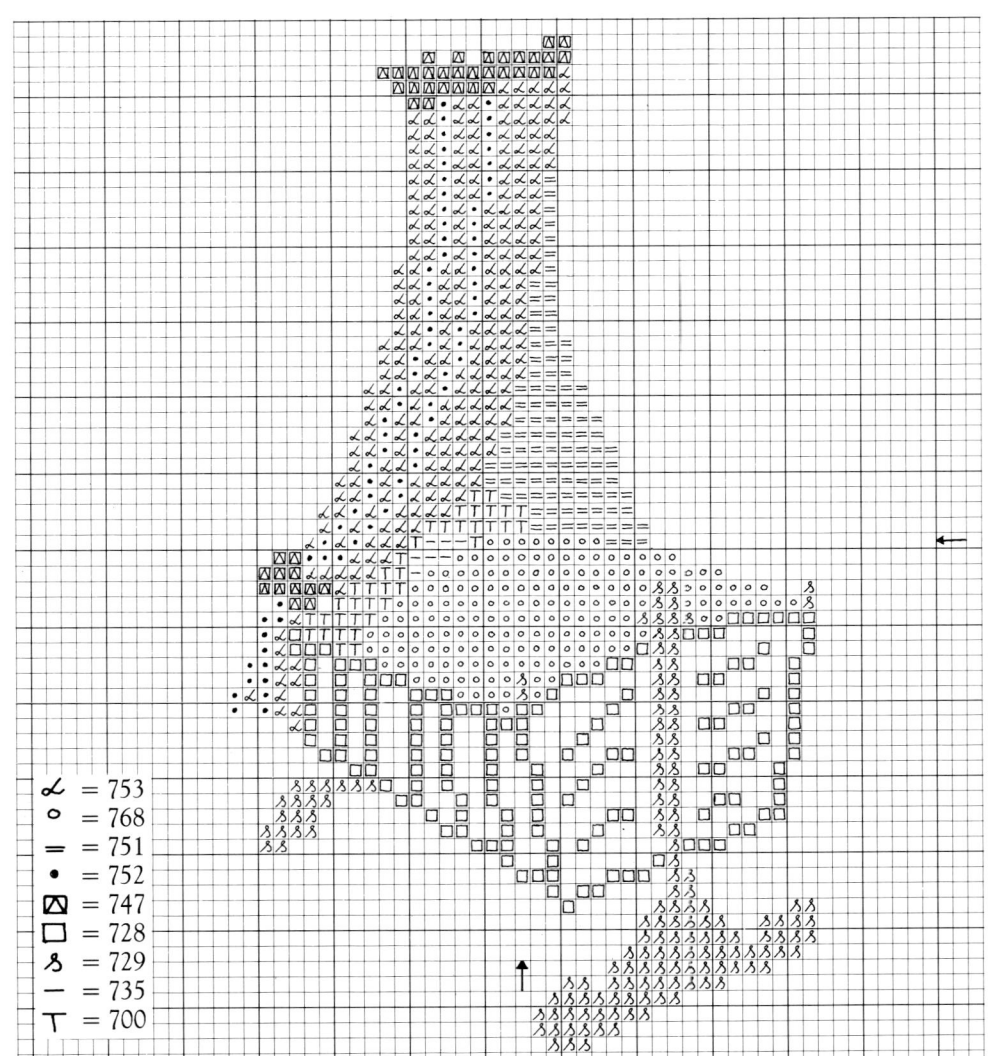

∝ = 753
○ = 768
= = 751
• = 752
⊠ = 747
□ = 728
ᔦ = 729
— = 735
⊤ = 700

Sonnenblume

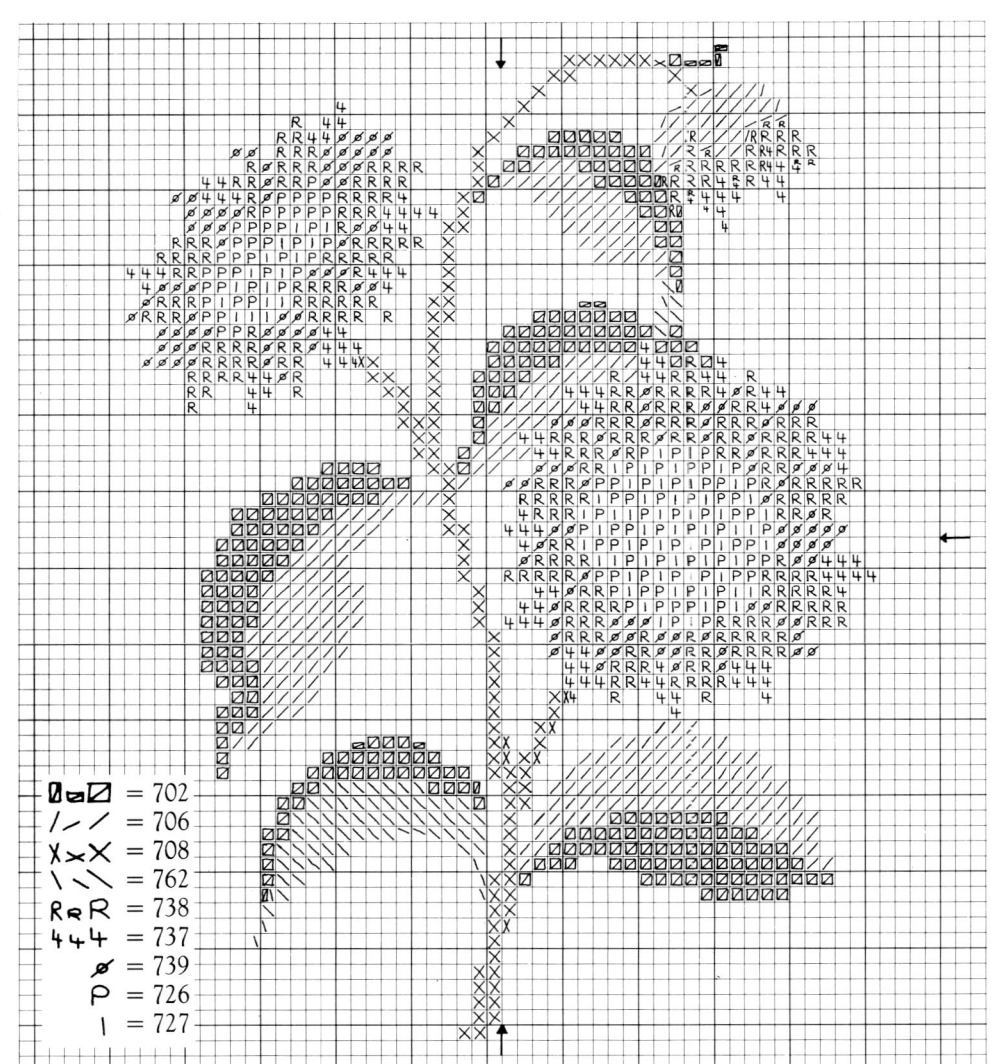

◨◧◪ = 702	
╱╱╱ = 706	
✕✕✕ = 708	
╲╲╲ = 762	
R◨R = 738	
4 4 4 = 737	
∅ = 739	
P = 726	
I = 727	

Edelweiß

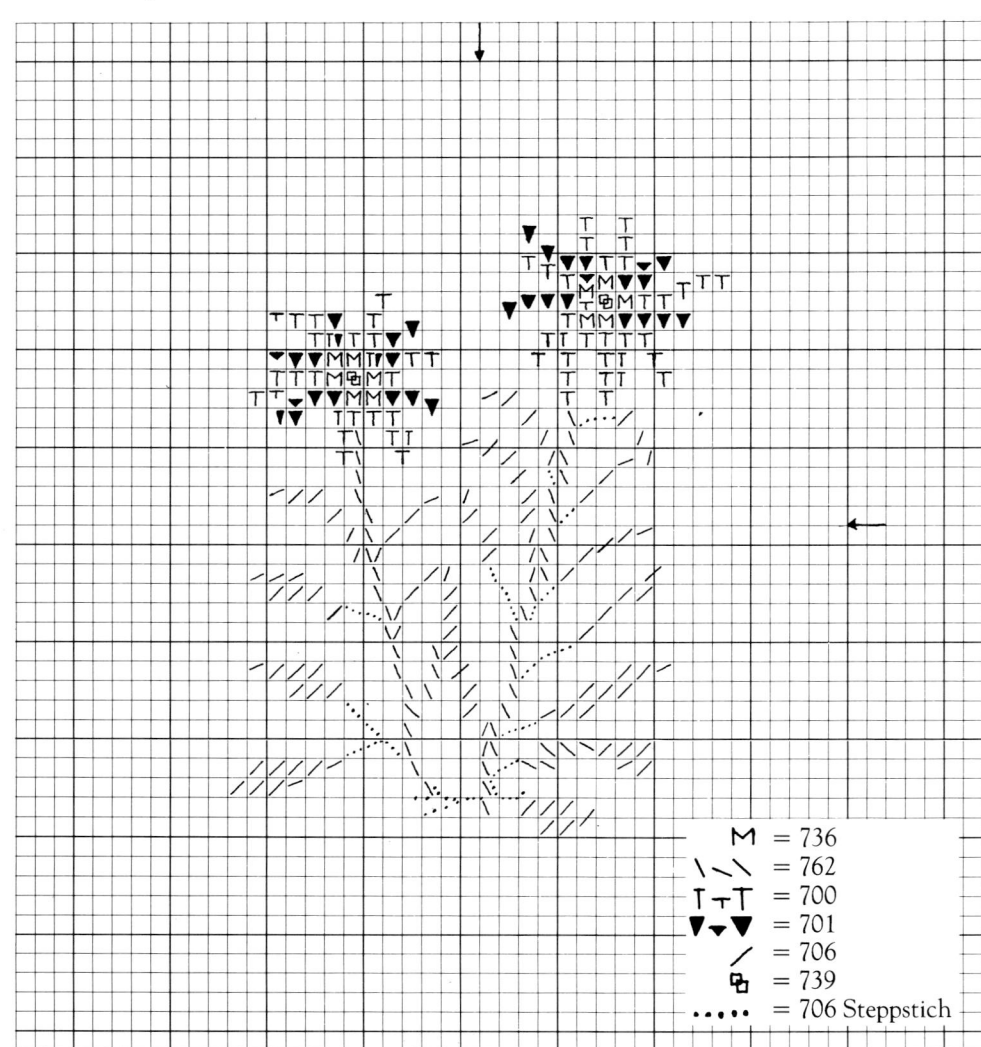

M = 736
\ ⟍ = 762
⊤ ⊤ ⊤ = 700
▼ ▾ ▼ = 701
╱ = 706
🏵 = 739
•••• = 706 Steppstich

Fuchsie

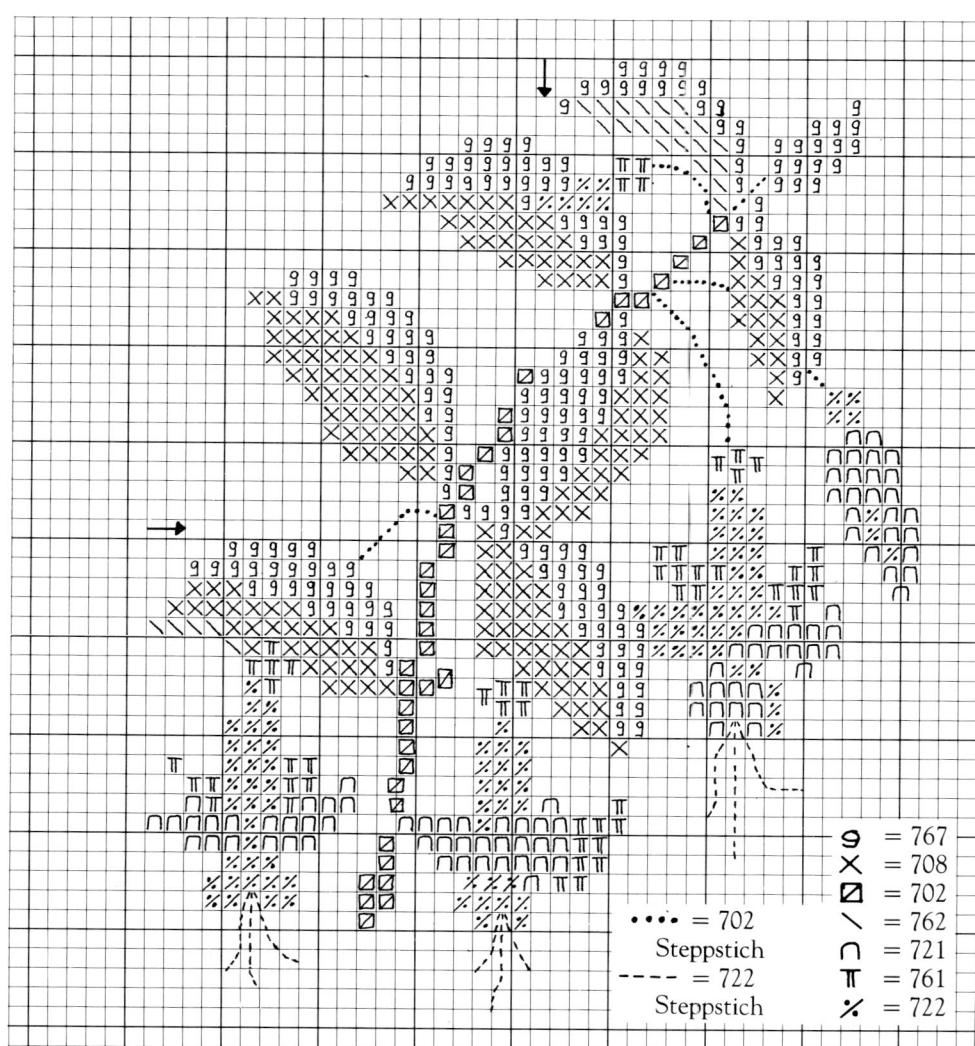

9 = 767
✗ = 708
🞖 = 702
╲ = 762
∩ = 721
Π = 761
⁒ = 722

•••• = 702
Steppstich
---- = 722
Steppstich

Lavendel

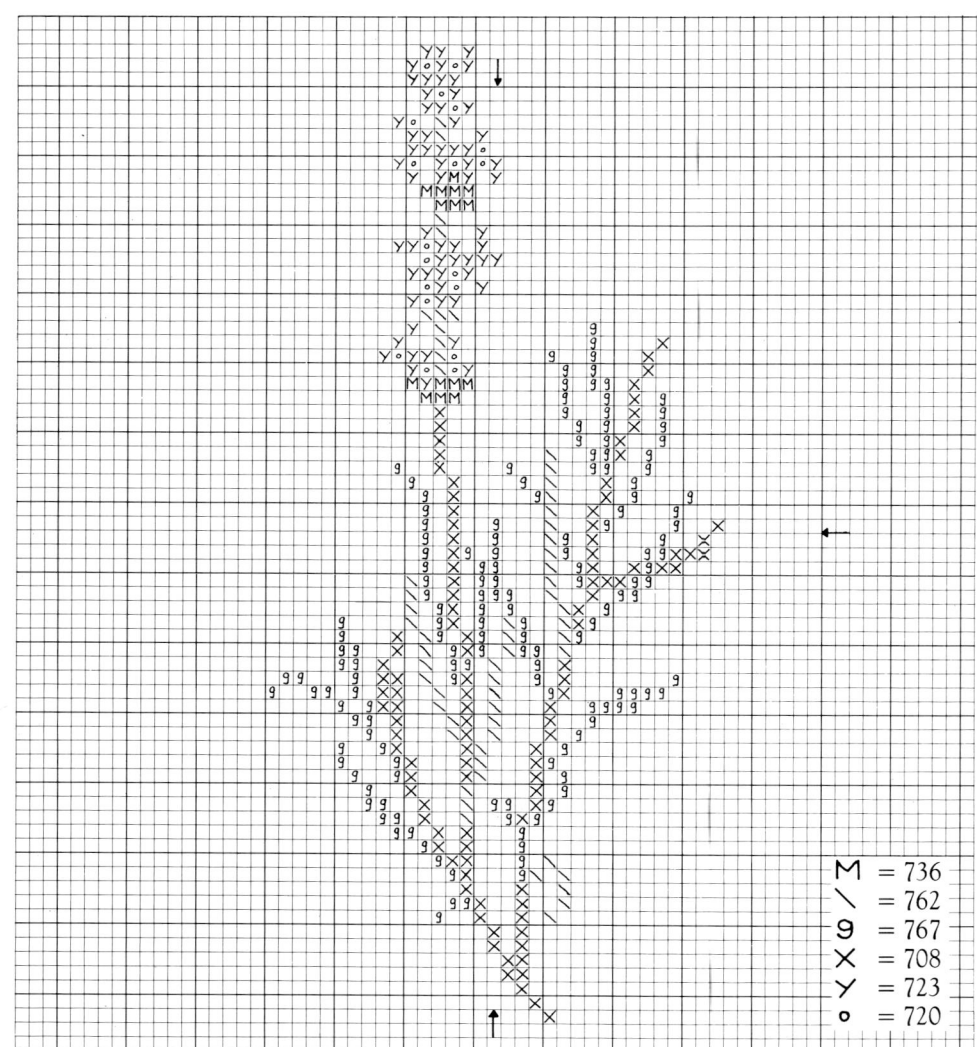

M = 736
\ = 762
9 = 767
× = 708
Y = 723
o = 720

Röschenzweig

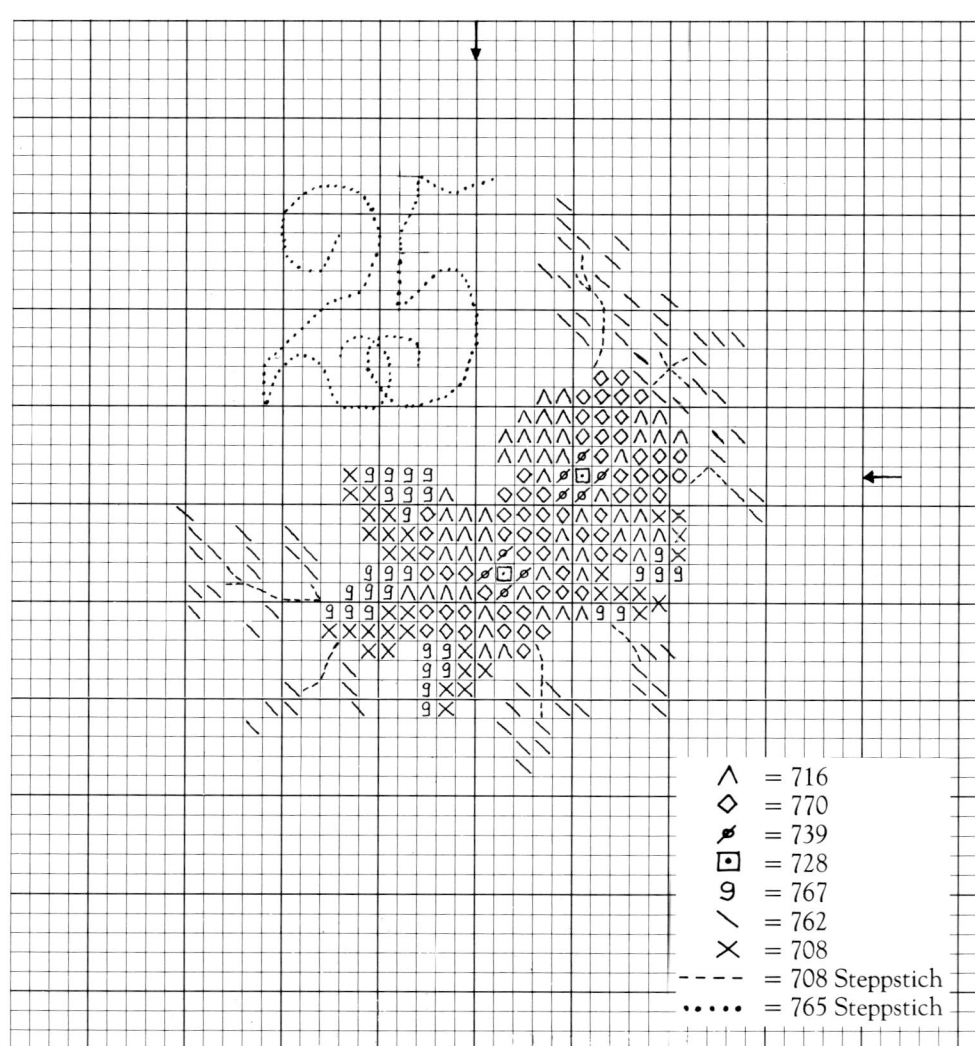

∧ = 716
◇ = 770
∅ = 739
⊡ = 728
9 = 767
\ = 762
✕ = 708
- - - - = 708 Steppstich
•••• = 765 Steppstich

Teddy mit Rosen

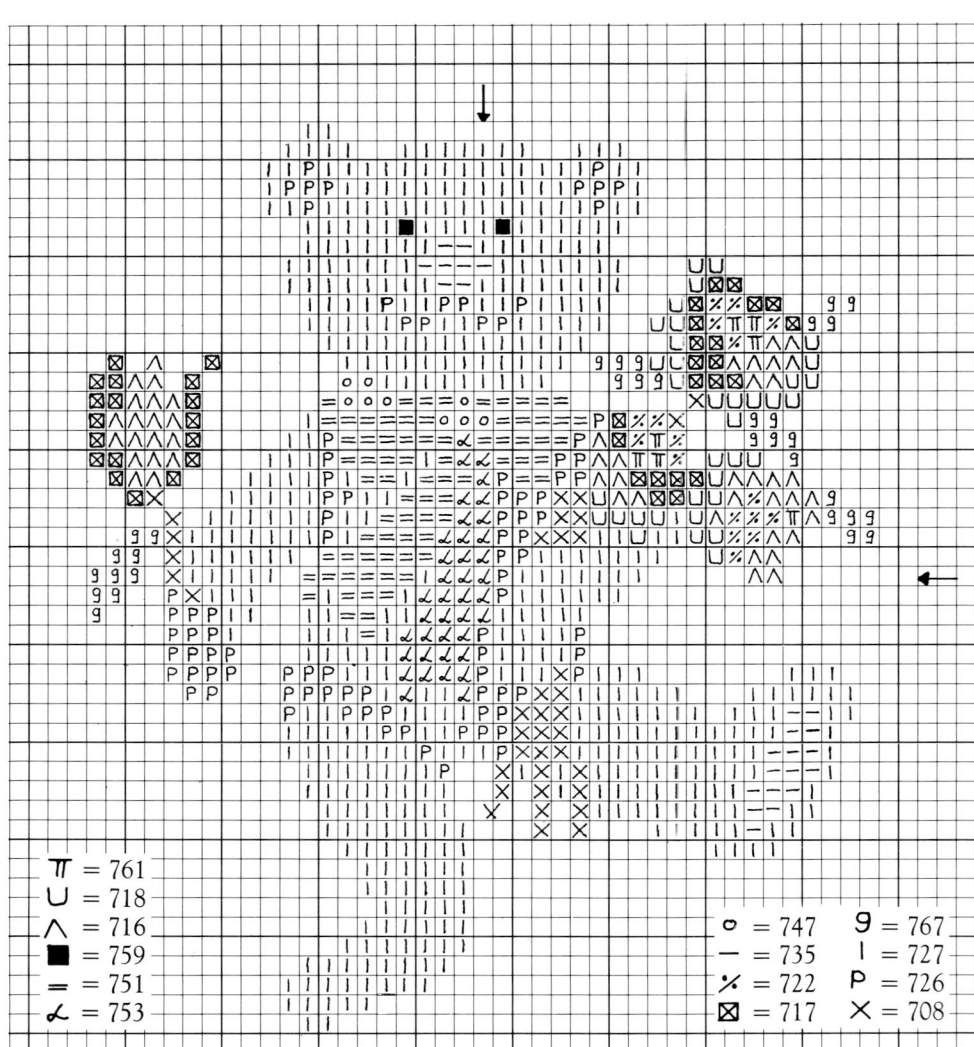

π = 761
U = 718
∧ = 716
■ = 759
= = 751
∠ = 753

o = 747   9 = 767
— = 735   I = 727
∕ = 722   P = 726
⊠ = 717   ✕ = 708

Teddy mit Torte

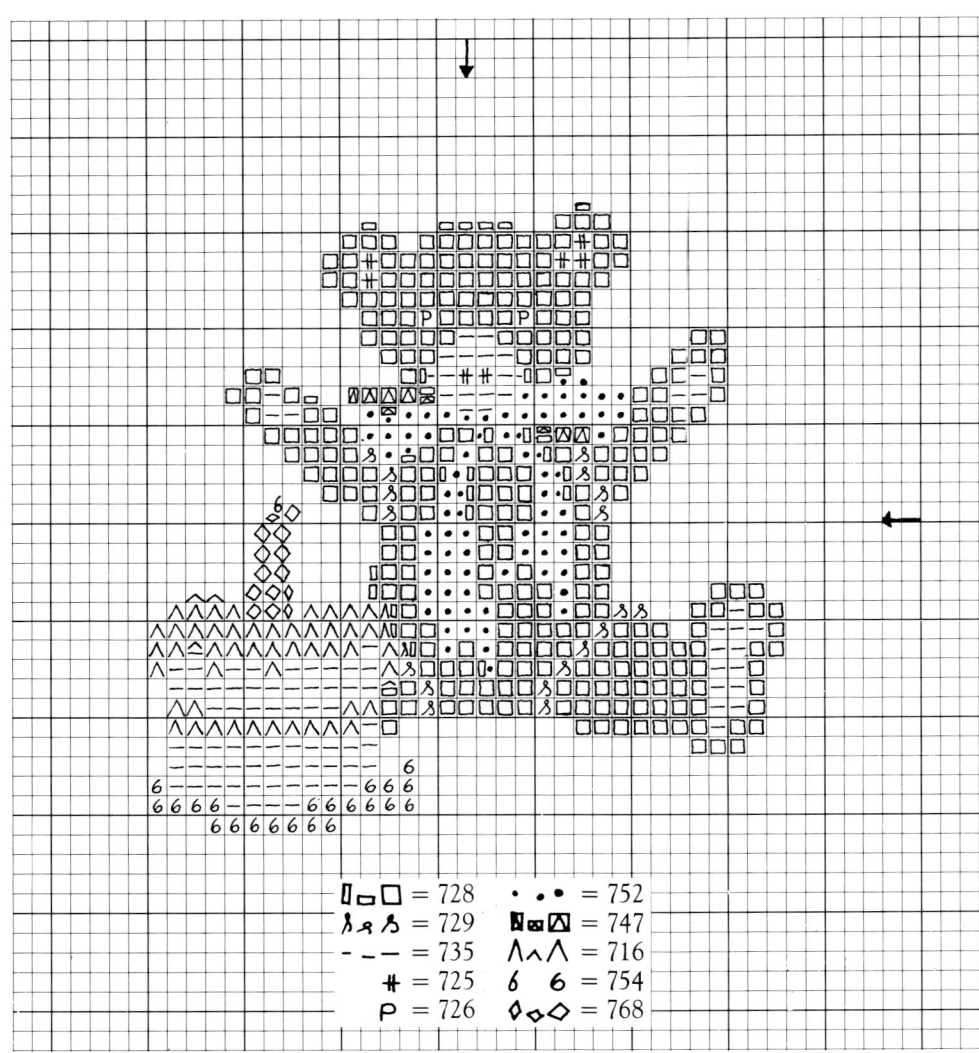

▯□□ = 728	·•• = 752
♪♫♪ = 729	◪▨◮ = 747
- ‒— = 735	∧∧∧ = 716
✚ = 725	6 6 = 754
P = 726	◊◊◇ = 768

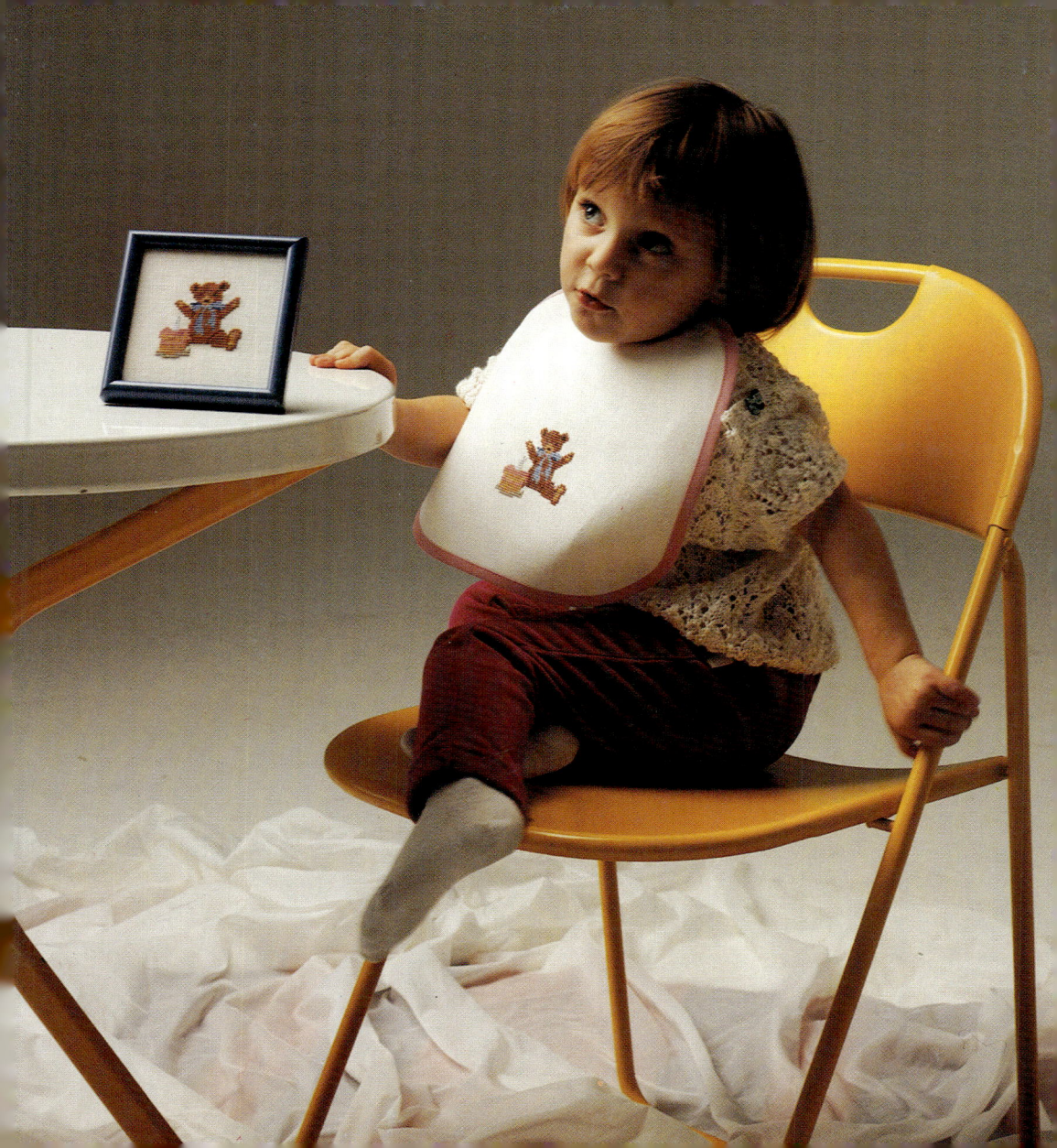

Nikolaus im Schaukelstuhl

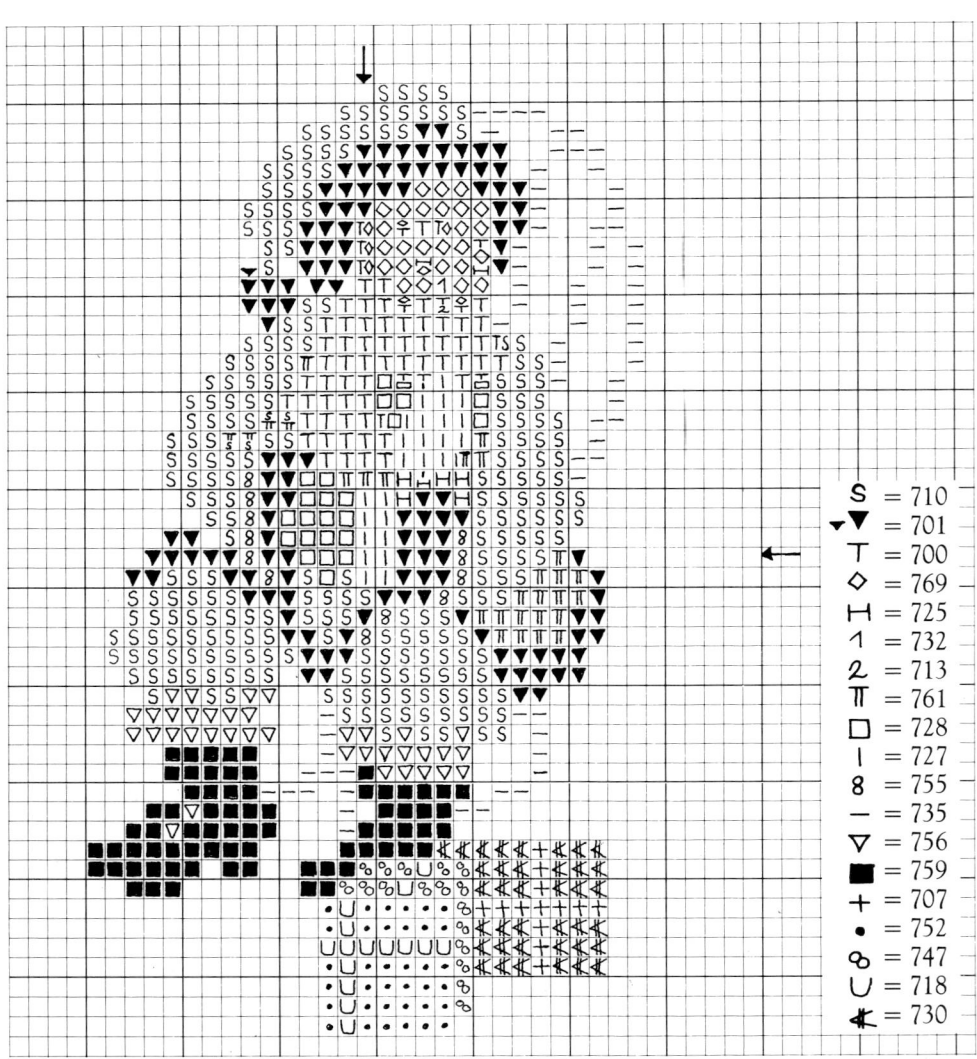

S = 710
▼ = 701
T = 700
◇ = 769
H = 725
⌁ = 732
2 = 713
π = 761
□ = 728
| = 727
8 = 755
— = 735
▽ = 756
■ = 759
+ = 707
• = 752
𝄾 = 747
U = 718
⚔ = 730

Nikolaus mit Sack

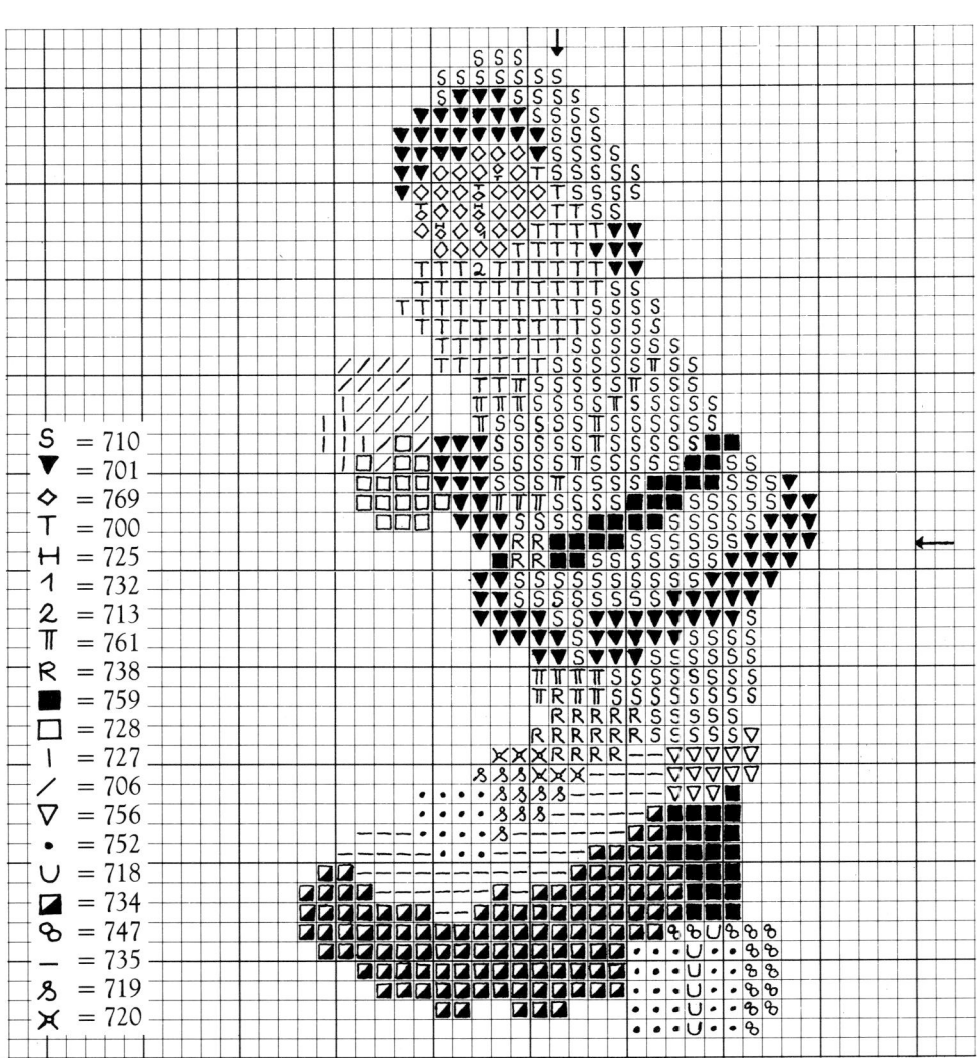

S = 710
▼ = 701
◇ = 769
T = 700
H = 725
1 = 732
2 = 713
π = 761
R = 738
■ = 759
□ = 728
I = 727
╱ = 706
▽ = 756
• = 752
U = 718
◨ = 734
ଌ = 747
— = 735
ଌ = 719
✗ = 720

Stechpalme

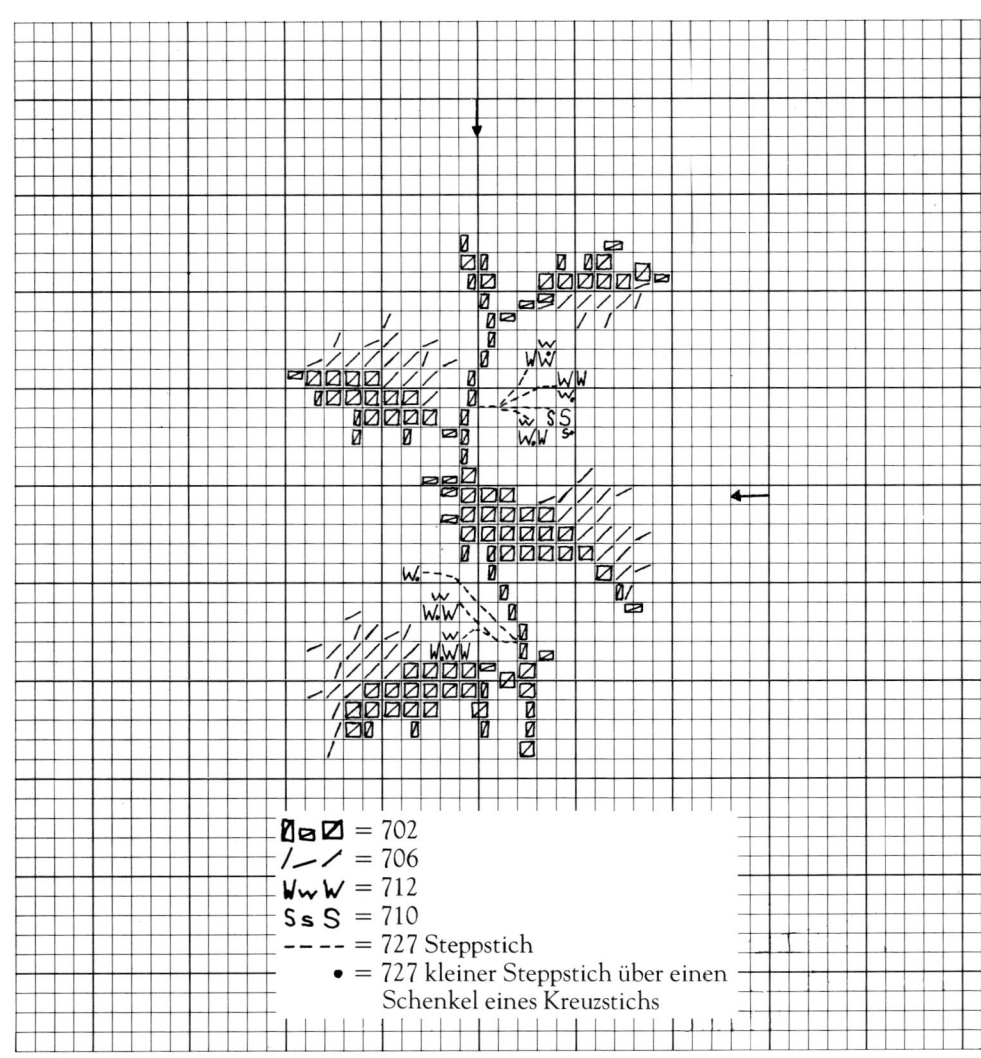

Ø ø Ø = 702
/ ‒ / = 706
W w W = 712
S s S = 710
‒ ‒ ‒ ‒ = 727 Steppstich
    ● = 727 kleiner Steppstich über einen
        Schenkel eines Kreuzstichs

Alphabet und Ziffern

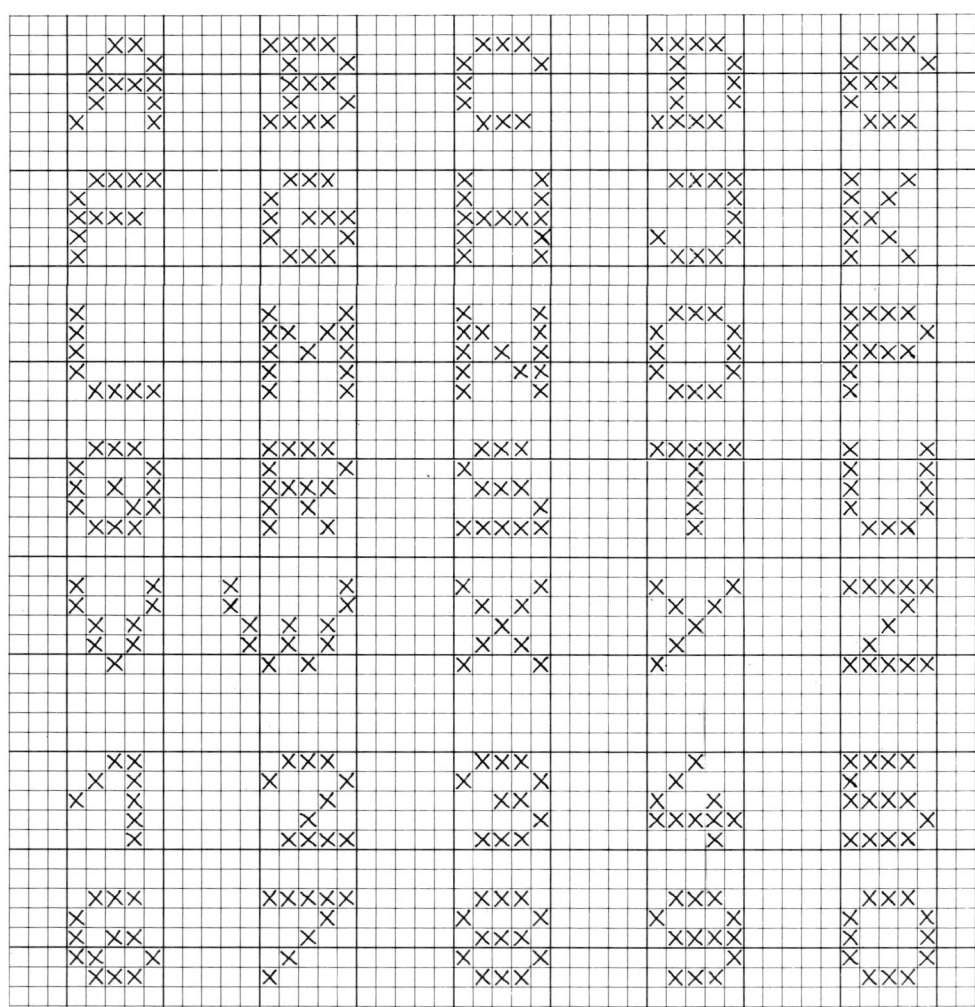

Liste der HD-Garne von Uhlenhof-Stickereien

700 Natur
701 Weiß
702 Dunkelgrün
703 Hellgrün
704 Leuchtendgrün
705 Blaugrün
706 Graugrün, hell
707 Helloliv
708 Mittelgrün
709 Maigrün
710 Weihnachtsrot
711 Weihnachtsrot, hell
712 Orangerot, dunkel
713 Orangerot, hell
714 Orangerot, mittel
715 Lilarot, hell
716 Lilarot, mittel
717 Lilarot, dunkel
718 Rosa
719 Flieder, dunkel
720 Lila
721 Blaulila, hell
722 Blaulila, dunkel
723 Flieder, hell

724 Pink
725 Schwarzbraun
726 Dunkelbraun
727 Mittelbraun
728 Hellbraun
729 Rotbraun
730 Braunorange
731 Dunkelorange
732 Orange, mittel
733 Mandarine
734 Grünbeige
735 Beige
736 Hellbeige
737 Hellorange
738 Goldgelb
739 Mattgelb
740 Hellgelb
741 Blaßgelb
742 Gelbgrün
743 Helltürkis
744 Dunkelblau
745 Königsblau
746 Türkisblau
747 Königsblau, hell

748 Türkisblau, hell
749 Dunkeltürkis
750 Graublau, hell
751 Mattblau, dunkel
752 Mattblau, mittel
753 Mattblau, hell
754 Graubeige
755 Graubeige, hell
756 Blaugrau
757 Mittelgrau
758 Grüngrau
759 Schwarz
760 Graugrün, mittel
761 Weinrot
762 Graugrün, zart
763 Dunkeloliv
764 Mittelgrau, dunkel
765 Hellgrau
766 Lachs
767 Waldgrün
768 Himmelblau, hell
769 Hautton
770 Hellrosa

Bezugsquellen

Die Hersteller senden Ihnen auf Anfrage einen Bezugsquellennachweis oder leiten Ihre Bestellung an das nächstgelegene Fachgeschäft weiter.

Muster	Seite	Stoffe und Zubehör	Hersteller/ Lieferant
Frühlingsenzian im Rahmen	12	Leinen 12 F, weiß	1
		Passepartout A6, Kreis	2
		Rahmen 8×10, dunkelblau	1
Frühlingsenzian auf Band		Leinenband 5 cm, weiß, 4fach	2
Schlüsselblume im Rahmen	14	Leinen 10,5 F, cremeweiß	1
		Rahmen 8×10, moosgrün	1
Schlüsselblume auf Set		Baumwolle 10 F, weiß	1
		Schrägband gelb	1
Veilchen im Rahmen	16	Leinen 12 F, weiß	1
		Passepartout A6, Oval hoch	2
		Rahmen 10,5×15, lila	1
Veilchen auf Band		Leinenband 5 cm, weiß, 4fach	2
Osterglocke im Rahmen	18	Leinen 12 F, cremeweiß	1
		Passepartout A5, asymmetrisches Oval	2
		Rahmen 15×20, moosgrün	1
Osterglocke auf Leinenset		Leinen 12 F, cremeweiß	1
		Schrägband dunkelgrün	1
Hase mit Baum im Rahmen	20	Leinen 12 F, cremeweiß	1
		Rahmen 10×10, gelb	1
Hase mit Baum auf Serviettentasche		Baumwolle 10 F, creme	1
		Schrägband, creme	1
Tulpe aus dem Motiv auf Serviette		Baumwolle wie vor	1

Muster	Seite	Stoffe und Zubehör	Hersteller/ Lieferant
Hase mit Blümchen im Rahmen	22	Leinen 12 F, weiß	1
		Passepartout A6, Rechteck	2
		Rahmen 10,5×15, moosgrün	1
Hase mit Blümchen auf Band		Leinenband 9 cm, weiß, 4fach	2
Tulpe im Rahmen	24	Leinen 12 F, cremeweiß	1
		Passepartout 15×20, dunkelgrün	1 + 2
		Rahmen 15×20, L5, beige	1
Tulpe auf Schleifenband mit „Danke"		Feinaidaband 10 cm, weiß, Farbe 760	2
Stengelloser Enzian im Rahmen	26	Leinen 12 F, weiß	1
		Passepartout A6, Oval hoch	2
		Rahmen 9×13, dunkelblau	1
Stengelloser Enzian auf Serviettentasche		Baumwolle 10 F, weiß	1
		Schrägband blau	1
Rosenknospen im Rahmen	28	Leinen 12 F, cremeweiß	1
		Passepartout 15×20, grün	1 + 2
		Rahmen 15×20, L5, braun antik	1
Rosenknospen auf Läufer		Leinen 12 F, meliert	1
		Schrägband lindgrün	1
Heckenrose im Rahmen	30	Leinen 12 F, cremeweiß	1
		Passepartout 15×20	1 + 2
		Rahmen 15×20, altrosa	1
Heckenrose auf Tischdecke		Leinen 12 F, cremeweiß	1
Glockenblume im Rahmen	32	Leinen 12 F, weiß	1
		Passepartout A6, Rechteck	2
		Rahmen 10,5×15, L5, taubenblau	1
Glockenblume auf Schleifenband		Feinaidaband 5 cm, weiß, Farbe 751	2
Hahn im Rahmen	34	Leinen 12 F, cremeweiß	1
		Rahmen 9×13, mohnrot	1
Hahn im Rezeptbuch		Passepartoutbuch, asymmetrisches Oval	2

Muster	Seite	Stoffe und Zubehör	Hersteller/ Lieferant
Mohnblüte im Rahmen	36	Leinen 12 F, cremeweiß	1
		Passepartout A6, Rechteck	2
		Rahmen 10,5×15, moosgrün	1
Mohnblüte auf Set		Baumwolle 10 F, creme	1
		Schrägband grün	1
Mädchen mit Puppenwagen	38	Leinen 12 F, cremeweiß	1
im Rahmen		Rahmen 8×10, altrosa	1
Mädchen mit Puppenwagen auf Schleife		Leinenband 9 cm, creme, 4fach	2
Silberweide im Rahmen	40	Leinen 12 F, cremeweiß	1
		Passepartout 15×20, grün	1 + 2
		Rahmen 15×20, Echtholz Vogelaugenahorn hell	1
Silberweide auf Kissen		Leinen 12 F, cremeweiß, 30 × 30	1
Schwarzerle im Rahmen	42	Leinen 12 F, cremeweiß	1
		Passepartout 15×20, grün	1 + 2
		Rahmen 15×20, Echtholz Vogelaugenahorn hell	1
Schwarzerle auf Kissen		Leinen 12 F, cremeweiß, 30 × 30	1
Robinie im Rahmen	44	Leinen 12 F, cremeweiß	1
		Passepartout 15×20, grün	1 + 2
		Rahmen 15×20, Echtholz Palisander	1
Robinie auf Kissen		Leinen 12 F, cremeweiß, 30 × 30	1
Feldulme im Rahmen	46	Leinen 12 F, cremeweiß	1
		Passepartout 15×20, olivgrün	1 + 2
		Rahmen 15×20, Echtholz Eiche rustikal	1
Feldulme auf Kissen		Leinen 12 F, cremeweiß, 30 × 30	1
Storch im Rahmen	48	Leinen 12 F, meliert	1
		Rahmen 9×13, hellrot	1
Storch auf Wandhänger		Leinen 12 F, meliert	1
		Schrägband rot	1

Muster	Seite	Stoffe und Zubehör	Hersteller/ Lieferant
Wiege im Rahmen	50	Leinen 12 F, cremeweiß	1
		Passepartout 15×20, blau	1 + 2
		Rahmen 15×20, L5, taubenblau	1
Wiege auf Wandhänger		Leinen 12 F, cremeweiß	1
		Schrägband blau	1
Sonnenblume im Rahmen	52	Leinen 12 F, cremeweiß	1
		Passepartout 15×20, dunkelgrün	1 + 2
		Rahmen 15×20, L5, braun	1
Sonnenblume auf Geschenk-dose		Leinen 12 F, cremeweiß	1
		Dose oval, 18 cm Ø	2
Edelweiß im Rahmen	54	Leinen 12 F, naturroh	1
		Rahmen 9×13, silber	1
Edelweiß auf Mitteldecke		Leinen 12 F, naturroh	1
		Schrägband dunkelgrün	1
Fuchsie im Rahmen	56	Leinen 12 F, cremeweiß	1
		Passepartout 15×20, dunkelgrün	1 + 2
		Rahmen 15×20, Echtholz Palisander	1
Ausschnitt aus Fuchsie auf Set		Baumwolle 10 F, natur	1
		Schrägband lindgrün	1
Lavendel im Rahmen	58	Leinen 12 F, weiß	1
		Passepartout A5, asymmetrisches Oval	2
		Rahmen 15×20, flieder	1
Lavendel auf Lavendelbeutel		Feinaidaband 10 cm, Farbe 723	2
Röschenzweig mit „25" im Rahmen	60	Leinen 12 F, weiß	1
		Passepartout A6, Rechteck	2
		Rahmen 10,5×15, altrosa	1
Röschenzweig mit „25" auf Serviette		Baumwolle 10 F, weiß	1
		Schrägband rosa	1
Teddy mit Rosen im Rahmen	62	Leinen 12 F, cremeweiß	1
		Rahmen 13×13, altrosa	1
Teddy mit Rosen auf Turn-beutel		Baumwolle 10 F, creme	1
		Schrägband rosa	1

Muster	Seite	Stoffe und Zubehör	Hersteller/Lieferant
Teddy mit Torte im Rahmen	64	Leinen 12 F, cremeweiß	1
		Rahmen 10×10, hellblau	1
Teddy mit Torte auf		Baumwolle 10 F, weiß	1
Lätzchen		Schrägband rosa	1
Nikolaus im Schaukelstuhl	66	Leinen 12 F, naturroh	1
im Rahmen		Rahmen 9×13, hellrot	1
Nikolaus auf Sack		Leinen 12 F, naturroh	1
		Schrägband rot	1
Nikolaus mit Sack im Rahmen	68	Leinen 12 F, naturroh	1
		Rahmen 10,5×15, hellrot	1
Nikolaus auf Stiefel		Leinen 12 F, naturroh	1
		Schrägband rot	1
Stechpalme im Rahmen	70	Leinen 12 F, weiß	1
		Passepartout A6, Oval hoch	2
		Rahmen 9×13, mohnrot	1
Stechpalme auf Schleifenband		Leinenband 5 cm, weiß, 4fach	2
Alphabet und Ziffern	72	Verschiedene	

Hersteller-/Lieferantenanschriften:

1 = Uhlenhof-Stickereien GmbH & Co. KG
    Diekstraat 7
    D- 2432 Kabelhorst
    Telefon: 04363/2800
    Telefax: 04363/3196

2 = Farbe & Form
    Gesellschaft für textiles Design mbH
    Habichtshorst 9a
    D- 2360 Bad Segeberg
    Telefon: 04551/84550

Kurt A. Bernecker stickt seit seinem achten Lebensjahr ausschließlich Kreuzstich. Auch während seiner den künstlerischen Neigungen konträren beruflichen Laufbahn in der Verwaltung ließ ihn die Liebe zum Sticken nie los. Heute ist er freier Designer. Die Breite seines Schaffens reicht von der nahezu naturgetreuen Wiedergabe aus Flora und Fauna bis zum modernen Entwurf, bei dem Farben und Formen dominieren.